100 IDEAs for Primary Teachers

Developing Thinking Skills

发展思维能力

给小学教师的100个创意

[英]史蒂夫·鲍凯特
Steve Bowkett

中国青年出版社
CHINA YOUTH PRESS
中青文传媒

图书在版编目(CIP)数据

给小学教师的100个创意：发展思维能力 /（英）鲍凯特著；芦艳玲译.
—北京：中国青年出版社，2014.11
书名原文：100 ideas for primary teachers: developing thinking skills
ISBN 978-7-5153-2740-2
Ⅰ.①给… Ⅱ.①鲍… ②芦… Ⅲ.①小学生－思维能力－能力培养
Ⅳ.①B842.5 ②G625.5
中国版本图书馆CIP数据核字（2014）第219708号

给小学教师的100个创意：发展思维能力

作　　者：［英］史蒂夫·鲍凯特
译　　者：芦艳玲
策划编辑：龙彬彬
责任编辑：孙雪蕾
美术编辑：李　甦
出　　版：中国青年出版社
发　　行：北京中青文文化传媒有限公司
电　　话：010-65511270/65516873
公司网址：www.cyb.com.cn
购书网址：zqwts.tmall.com　www.diyijie.com
制　　作：中青文制作中心
印　　刷：北京中科印刷有限公司
版　　次：2015年3月第1版
印　　次：2015年3月第1次印刷
开　　本：787×1092　1/32
字　　数：110千字
印　　张：6.75
京权图字：01-2014-3990
书　　号：ISBN 978-7-5153-2740-2
定　　价：29.00元

目录

Contents

前言
Foreword

思维和学习一直以来都是相辅相成的。学生越是能够进行有效的思考，就越能够理解课程内容，并将课程内容与我们生活的世界进行关联。不仅如此，教授思维技能更大的意义在于，能够帮助学生们在思维方面建立更多的自信。当你向学生们询问意见或想法，又或者是请他们在团队协作中扮演一个更为积极的角色时，在思维方面自信的学生会更愿意主动尝试。另外，出于希望对课题有更多的理解或是自身兴趣的原因，这些学生也更倾向于通过提问去获取更多的信息，所有的这些都会对课堂环境产生长期积极有效的影响。

本书通过一系列的技巧和课堂活动，向学生们展示了如何通过各种方法（策略）进行思考。书中提到的这些策略和游戏，既可以向个人开展，也可以通过集体教学来进行，甚至可以贯穿整个课程活动中。你可以把这些方法作为一堂课开始之前的“热身”，也可以将它们作为一堂课的主要内容。不管怎样，如果选择使用这些创意，那么你的教学会更加杰出。

• **明确什么是思维。**向学生们解释，这些不同的思维到底是如何发挥作用的。当学生们对一些想法有所回应的时候，告诉他们如何使用他们的思维。用一些简单的话进行解释，例如，“你认为这幅画里的人可能说什么，给了我四种可能——这真的是非常不错的想法。”这样能够加深学生对思维技能的理解。

• **重视学生们的想法。**他们处于学习的阶段，有一些对我们来说是显而易见的想法，对他们而言则是自然迸发出的想法。

• **让学生们自己来思考。**有时候，老师们看到学生苦苦思索一些简单的事物，总会忍不住想要告诉他们正确答案，或者直接灌输一些信息，要避免这样做真的很难。

• **做行为的楷模。**让学生们看到你也在思考，老师也并不总是能够很快地找到答案。

如何使用本书

How to use this book

为了更好地发展学生的思维技能，这本书为你提供了一些快速、简单、具有实践性且易于掌握的创意。

- 一个引人注目的标题，让你能够轻易与同事达成共识。
- 一段来自教师或学生的经验之谈。
- 一段用黑体凸显的创意描述，方便日后查找。
- 一个如何开展活动的指导，能够更好地实施创意。

教学小贴士

教你如何实施或如何不去实施这个创意（活动）的实践技巧和建议。

进阶练习

关于如何拓展、深化这个创意，或将它作为家庭作业的建议和想法。

锦囊妙计 ★

在本书中有13个锦囊妙计，这些创意都经过教师们的教学实践验证，实施起来不仅让人印象深刻，还充满了乐趣。

你的大脑

我从没想过，在大脑这么小的地方，竟有这么多的想法。

作为营造课堂氛围的第一步，让学生们认识到思维的价值，需要告诉他们一些有关大脑的知识，这样可以帮助他们通过不同的方式进行思考。同时让他们认识到人们的想法是千差万别的。

让学生们紧紧地攥着拳头，靠近一些观察，就好像手里抓着什么东西。告诉学生们，眼前的拳头大概就是人类大脑的形状和大小，而每一只手都可以代表一半的大脑或大脑半球。

向他们解释，大脑的左半边主管语言、数学和推理方面的功能，是思维意识的发源地。而大脑右半边主管图像、模式、梦境，并在这些内容之间创造连接。我们的右脑，思维更像是潜意识的：在“我”还没意识到的时候，它就已经发生了。当有一些想法突然出现的时候，或者当我们突然想起什么的时候，这个想法会从潜意识的部分过渡到有意识的

进阶练习

在墙上贴上一张大脑的图片。请学生们来研究并分享更多有关大脑的不可思议的事实。可以将这些与以下的相关问题结合起来：意识和大脑有何不同？思维是什么？我们为什么会做梦？

部分。由于主管内容的不同，通常左脑也被人称为“科学家”的大脑，而右脑则被称为“艺术家”的大脑。

- 人类的大脑虽然仅仅占用了我们身体2%的体重，却使用了我们身体中20%的能量。

- 人类的大脑组织是通过一种非常复杂的方式折叠起来，存放在脑壳中的。如果把它完全展开，它的面积有230~470平方英寸。

- 如果，你用双手轻轻托着大脑，你会感觉它非常的湿软，就好像果冻一样。

思维就像是……

这个游戏非常简便易行，能够真正地帮助学生们意识到思维的多样性。

同成人的思维相比，具体的地点和事物能让学生们对他们精神世界的范围和力量有更深的理解。

为了鼓励学生们思考有关“比喻”的内容，介绍或者复习有关“笑容”和“比喻”的内容。向他们解释，利用“比喻”这种方法，可以让他们更容易理解一些难以理解或抽象的概念。

当然，大脑实际上是一个生理组织或者系统，意识本身则更像是一种概念。使用比喻的方法可以帮助我们更深入探索大脑到底可以做些什么。

首先使用一些清楚、明确的例子，这些例子可能和学生们曾经做过的其他思维技能的例子有关。

举例来说，你可以将“思维就像是一张蜘蛛网，因为……”这个概念和之

教学小贴士

再次进行这项活动，进一步巩固学生们对于各种不同思维方式的理解。举个例子，如果你关注的是推理思维（例如，创意31“鞋盒人生”），你可以这样说，“所以思维就好像是一个侦探，因为……”

进阶练习

着重向学生们提示"因为"这个词是与原因和理由相关的。解释"因为"是一个"有黏性"的词：不管什么时候使用，都需要在它的后面加上一个原因。这种思维习惯，在论证和辩论中，对于证明辩论理由的有效性及评估多种理由的相关性都非常有用。

前玩过的一些游戏联系起来（例如，创意58"思维连接"）。

但请注意，许多有创意的游戏在开展的过程中，因没有很好地组织，最后都是在匆忙中开始，又在匆忙中结束。所以，对于每一个比喻的对象，要进行更深入的探索。

例如，思维就像是一张蜘蛛网，因为……

艾比："因为它将所有的想法和意见都连起来。"

莱恩："因为我可以坐在它中间，看着它思考。"

比特："因为这张网并不是天生就有的，而是我们创造的。"

约翰："因为这张网会变得越来越大。"

注意：如果你的学生在哲学方面很有天赋的话，可能引发更深入的哲学探讨。例如，莱恩的回答可能是"我和思维是不是同一件事，它们是如何关联的"这样的讨论。

让学生们在纸片上写下物品、动物或与人相关的事物（如职业）名称作为比喻的对象开展游戏。然后，将这些纸条收集起来，在全班随机抽取其中一张，让学生们进行描述。例如：

- 思维就像水晶球，因为它充满了对未来的想象。
- 思维让我想起了蝴蝶。它可以从一边飞到另一边，但又可以静静地待在一个地方。
- 思维就像大海，因为它从不止息。
- 思维就像一个时间机器，因为它的里面总是比外面大。
- 思维就像一个百宝箱,装满了宝贝。

这项活动可以通过另一种方式来开展，创建一个6×6的网格（学生们可以通过剪贴画的形式，从杂志上剪下他们需要的图片，或者自己画一些图贴在网格上），通过掷骰子的方法随机选择图片，进行比喻描述。

随机选取一些例子，“给思维一点惊喜”，相对那些有逻辑性、分析力强的想法而言，更能激发这些有创造力、无意识产生的想法。

锦囊妙计 ★

让学生们分组选择一些游戏中的词汇，使用押韵的方式，把这些词汇组合起来，最后形成一首诗。

- 思维就像一只蝴蝶，常常穿梭在各种想法之间。
- 它还是一只小猫，热爱玩耍。
- 思维就像是一群蜜蜂，总是忙忙碌碌。
- 思维就像一只雄狮，强壮、华丽和骄傲。

描绘这一切

想象力就像一匹野马，驯服了它，你想去哪儿，就去哪儿。

这个活动将帮助学生们发展有意识的视觉化能力，还可以提升注意力的持久性。

向学生们展示一幅有很多细节的风景图，最好是黑白色调的。给他们30秒思考时间，之后提出以下问题：

- **改变视角**：让学生们想象自己就是图片中的人物，转换新的角度。
- **身在其中**：想象一下，沿着街道走，在街道拐角处会有什么？
- **增加人物**：想象一下，你能看到一些人的脸，他们看起来是什么样的？
- **跨越时间**：将这幅画面想象成运动中的图，再将节奏慢慢地放缓。例如，在左边的这个男人正提着一箱玻璃制品，箱子忽然打开了，里面的东西都掉了出来。体会一下“慢镜头思维”是如何给你更多的时间来注意这些细节的。

教学小贴士

发展思维技能的一个核心因素就是让思维变得清晰。如果有人对“两个人坐在一起”的图片评论是“我觉得这两个人正在车里吵架”，那么可以进一步描述是什么原因，或者观察到什么线索才得出这样的结论？显然，在这个例子中，两个人坐在车里张着嘴，看起来就像是在吵架。寻找线索来支持想法的这种行为叫作“推理”，通过向学生们进一步询问来锻炼他们的推理思维能力。

每日创意

在开始这项活动后的一周里，班里的每个学生都希望参与到这个活动中。

建立一个“创意板”，让学生们来充实内容。

每天花10分钟来讨论一个被选中的“创意”。一个“创意词汇”（故意使用一个比较模糊的词）可以是一个知识点、一个问题、一个想法、一个笑话、一件手工艺品、一张照片等——任何可以激发学生们的兴趣，并鼓励他们进行提问讨论、寻找理由或做一些研究的词。向他们清楚表明，只要参与了就是有意义的。不管是提供与主题有关或无关的想法，还是在“创意板”上贴着的东西。另外，让学生们知道并不是必须为“创意板”提供素材，或必须参与整个活动，这也是非常重要的，如果他们不想参与讨论，可以不参加。

教学小贴士

你可以一次选择一个主题，让学生们写下有关这个主题的想法和疑问。你也可以将许多相关的想法放在一起：让学生们帮你将这些想法分组归类。

进阶练习

可以尝试给每个学生准备一个“思考手册”。学生们可以在这个手册上记下对于“创意板”上主题的想法，并且记录下他们对于每天不同主题的反馈。鼓励学生们在彼此的手册上写下自己的想法或疑问，抑或记录一些相关事实。

首先，按照你的想法在“创意板”上写一些内容。有效的“创意”包括以下这些：

- 一幅凡高的《星空》画作及一个问题，“为什么凡高不将天空画成真实的样子？”

- 如果恐龙没有灭绝，那么会是什么样子？我们可能遇到什么样的问题，以及应该如何来面对它们？

- 将许多名人的画像（活着和已故的都可以）放在一起，在下面列出问题，例如，“如果你能够见到其中一位的话，最想见到谁，为什么？”

- 选择一些笑话。让学生们按照从1~10的好笑程度进行排名。讨论一下，为什么有人觉得一些笑话特别好笑，而其他人则认为一点都不好笑。幽默到底是什么？我们又为什么发笑？

还可能是什么

现在，我并不介意在课堂上分享创意，因为我知道对于同一个问题，总是会有不止一个答案。

这是一个非常简单且迅速的热身活动，可以让学生们产生和分享更多的想法。也证明了这样一个事实，即使是最基本的形状和图片都可以是有意思的创意的基础。

在黑板上画一个圆圆的点，然后向学生们提问，“这个可能是什么”“这个让你想起来什么吗”。

• 对每一个学生的想法都给予肯定和认可。正面积极的回复会让那些不太自信的学生更愿意去尝试，所以你也可以这样说，“这真是一个有趣的想法”或者“我之前怎么都没想到呢”。

• 开始的时候会有大量的想法出现，但很快学生们就会开始为更多的答案冥思苦想。你可以提示学生（在这个例子里），“想想句号”。这样做可以刺激他们的思维，并产生更多的想法。

教学小贴士

这个活动是非常好的课前“思维热身”。多次开展这样的活动，可以帮助学生们认识到，从不同的角度去看同一个事物是创造性思维中非常重要的一个部分。

进阶练习

你可以选择展示一些更加复杂的图片以提高学生的思维能力。当需要再次使用这些图片的时候，可以将图片倒过来使用。

- 一旦这个活动正常开展，还可以提出下面的问题，“在这些回答中，哪一个才是正确的答案呢”“在我听到的这些回答中，哪一个才是最好的回答”等。

- 大多数的学生会说“所有的答案”或者“随便哪一个”，而这时候你的回答则应该充满鼓励，例如，“这真是一个聪明的回答。”

- 向学生们解释，他们需要拥有更多答案，这样才能知道哪一个是最好的，这会帮助他们成为更好的思考者。

发现差异

这是一个非常棒的思维热身活动，为我们的学习做好准备。

“发现差异”是一个非常快速、简便且万能的活动，它可以促进学生的观察技能，同时延长注意力持续的时间。

让学生们通过多种不同的方式来“发现差异”。这个活动的复杂程度可以根据学生不同的年龄段进行调整，不过你将发现学生们在面对更有难度的挑战时，会享受到更大的乐趣。

- 使用修图软件做一些细节上的处理，增加或者删除一些细节，将处理后的图片和原图放在一起，让学生找不同。你可以向学生展示两个相似的东西（如昆虫、植物或贝类等），然后请学生描述两者的不同之处。在需要的时候，向学生们提供必要的辅助。也可以让学生们来创建一系列图片，作为你开展ICT项目（信息与沟通技术）的一部分内容。

进阶练习

在学生们到达教室之前，每天都对教室做一点改变。这些改变从很明显的地方开始，随着时间流逝慢慢地将细微的地方改变。让学生们找出这些不同之处。

创意
6

锦囊妙计 ★

将学生们分成几组。让每一组都准备两堆不完全相同但每天都需要使用的物件。例如，计算器、铅笔、回形针等。让两个小组试着找出其中的不同之处。

- 向全班展示两段相同的文字内容，实际上在这两段文字中会有不同之处。例如，经替换的拼写、错误的拼写，以及错误的标点等。再次说明一下，学生们在电脑上很容易创建出相似的文档。所以这个活动也可以作为小组或者全班活动来进行，这样可以通过口头或者用笔记下他们的观察。对这些材料的区分，主要是根据学生不同的能力给出不同的提示来进行的。

词汇连接、词汇链和词汇网

这个游戏可以在读写教学时进行，学生们会从中获得许多乐趣。

可以将这个活动作为一个简便易行的课堂导入，也可以将它作为读写课的一个特别单元来进行。

词汇连接和词汇链都是非常棒的课堂导入活动，操作方式非常多样，例如：

- **押韵**：试着写出最长的押韵词汇链，例如：狗、雾、原木、猪、跋涉、博客（dog、frog、log、hog、slog、blog）等。
- **音节**：按照每次比上一个词汇多一个音节的方式，来写或说出一个词汇链。学生们比较喜欢使用同一个主题的词汇，但这些词开头第一个字母可以不同，例如，用动物做一个主题：宠物、小猫、大象、犀牛、迅猛龙（pet、kitten、elephant、rhinoceros、velociraptor）。
- **排序**：在课堂上向学生们提供一组词汇，让学生们将这些词汇进行排序。

进阶练习

在安排练习写作方面，创建词汇网是一种非常好的方式。开始的时候，给学生们一个词汇或者一幅图以激发他们的想象力，并且告诉他们，这个活动没有标准答案，不做任何限制。词汇网的建立可以根据课程的进度进行不断补充和调整，整个活动的时间可以是几天，也可以是几周。另外一种可替换的方法是，在课堂上使用一些技术手段，展开头脑风暴，在2~3分钟的时间里，学生们会一股脑地倒出他们的想法。

例如，按照行星距离太阳的远近来进行排序。例如，词语、短语、句子、段落、章节（word、phrase、sentence、paragraph、chapter）。

- **联系**：选择两个看上去毫无关联的词语，让学生们选择一个适合的理由将它们联系起来。这个活动可以通过词汇链、句子或绘画的形式来进行。举例来说，将“纸张”和“快乐”联系起来。而将这两个词联系起来的理由则可能是一封感谢信、一张10英镑的纸币、一本你喜欢的漫画书、一张朋友的照片，又或者是一张画着笑脸的画。

记忆力和想象力

学习思考就好像学骑自行车，一旦你掌握了窍门，一切都会变得很容易。

记忆力和想象力是学习的基础。让学生们意识到这一点，是发展思维能力的关键。

这个简单的活动可以单独使用，也可以与锦囊妙计中的活动一起使用。

• 思维主体连接：我们的思维、感觉和身体都是互相关联的。让学生们回忆一件愉快或特别有趣的事，回想当时的表现。告诉他们，微笑或大笑都是思考时身体的自然反应。回忆那些开心时刻的颜色和声音，这会让他们的记忆变得更加深刻。

• 当开始记住一件事时，一般遵循相同的方式，即使是不开心的经历也是如此。如果学生经历过令人沮丧的事，那请你和他们坐在一起，回忆并去改变他们的情绪。记忆里的颜色和人们说话

教学小贴士

有些学生很容易想象一些色彩，但在表现声音或其他感官方面有些困难。让学生们用各种不同的方式，重复思考一些地点、人物及事件，会帮助他们提高读取记忆的能力，在写下他们的各种感受之前，回忆起更多的细节。

锦囊妙计 ★

让学生们一边想象一个愉快的地方，一边回答问题，这些问题可以是：现在你所看到的地方和你站在那里“亲眼”看到的一样吗？你能想象出哪些颜色和声音呢？你能注意到哪些气味和感觉呢？现在你开始关注三处有趣的地方，这三个有趣的地方是什么？

的声音是可以改变的。这样做的目的是，加强对自己思维及不愿意回忆的感受的控制能力。不断重复这项练习，学生的思维技能会明显提高。

关注你的想法

每个人的内心都充满了想象的世界，教师们只需用非常简单的几个技巧就可以从中获得无限乐趣。

每天练习这个技巧5分钟，有助于提高学生们的阅读和写作能力。

关注和掌握自己思维的能力也被叫作“元认知”，或者“关于思维的思考”。每天练习这项技能，会对学生产生巨大的影响。

• 给学生们一个句子，例如，“琼斯躺在沙发上。”让学生们告诉你，他们在听到这个句子后想到了什么，或者让学生们快速写下所想到的。然后，进一步描述，他们所想象的琼斯的样貌、衣服和发型。很多学生可能都会认为琼斯是个男孩，但实际上在这个句子里，并没有说明这一点，这就为进一步讨论提供了机会。向学生们提示，“躺”这个词含有非常丰富的信息：我们可以形象地想

教学小贴士

如果当你提出更多细节方面的问题的时候，有学生们回答说“我不知道”，那么你就说“试着假装你知道，然后再告诉我”。这个小技巧通常都能够看到明显的效果。

进阶练习

当学生们使用这种方法进行写作练习时，常常只会写下他们一开始想到的，以及那些最容易想到的。这时候，你可以给学生们更多的时间进行思考，让他们有足够的时间注意到更多的细节。这样做将有助于激发学生们更多原创的想法，同时有更多可以写作的内容。

象出琼斯是如何躺在沙发上。最后强调，他们在写作中所使用的词语也是这项训练中非常重要的一个部分。

- 通过使用“元认知”阅读，进一步加强对这项技能的练习。摘取故事中的一段阅读，鼓励学生们开始意识到自己的思维。例如，在你读书时，他们的目光、声音和气味有怎样的表现。将你读的这段内容摘要复印多份并分发给每个学生，让他们写上当你读给他们时，想象到哪些细节。不断地练习这项技能，帮助学生们在正式写作之前的思考阶段能够关注到更多的细节。

集中注意力

直到我们开始注意它，才发现原来被我们忽略的到底有多惊人！

集中注意力是一项可以巩固有效思维的技能，同时还能有效地保持思维训练所带来的益处。

思维最强大的一面在于能够有效地关注意识并进行控制。以下是一些可以尝试且非常简便易行的活动：

- 这个活动让全班同学开始意识到此前从未体会到的感受。例如，去感受自己在椅子上的重量，感受放在地板上的脚的感觉，感受他们的双手合起来时的感觉，以及手掌下皮肤的纹理。现在，老师可以让学生开始关注他们的呼吸。并向他们解释，通常只是自然地“让”呼吸“发生”，但实际上我们也可以很轻松地缓慢地深呼吸，这能帮我们放松下来。

- 让学生们有意识地观察身体紧张的部位，并试着去放松。让皱着的眉毛

教学小贴士

增加对呼吸的关注，将有效提高学习的效率。在开始介绍新的内容或者重要的想法之前，让学生们先做几次深呼吸，这可以帮助他们更好地做准备。

进阶练习

展示一些手工作品，然后是几分钟安静的“关注时间”。可以播放一些比较舒缓的音乐。再次声明，这个活动主要是为了能够怀着愉悦的心情来欣赏一些美好的事物，并不需要特定的结论或结果。

舒展开；让紧张的肩部放松；让收紧的胃慢慢地放松，恢复正常的状态。如果他们的腿有些发抖，脚趾和手指也在轻轻敲打着地面或者桌面，看看你是否能够让他们放松下来。

- 让学生们闭上眼睛开始想象教室的景象。一分钟后让他们睁开眼睛，环顾周围。看看是否有什么是因为他们的忽视而没有印在脑海中的？

- 将全班同学分成两人一组，或分成三大组。分给每一组一个有趣的话题和物品（如一个贝壳、一朵花或一块石头），然后，给学生们一点时间，让他们来观察物品的细节。并不需要学生们得出什么特别的结论，让学生们在这个过程中学会与同伴们分享新发现，并通过口述表达，或用文字记录下来。

关注五感

当学生的想象力开始迸发，写作的内容也将极大丰富。

融合了观察技巧的多重感官思维，将帮助学生们大大提升阅读和写作能力。同时，学生们在学习课程的整个过程中也将受益匪浅。

感官是我们获得信息的来源。当展开对这个世界的想象时，我们依赖一种主要的感官模式。举例来说，一个更加趋向于依赖视觉学习的学生会尝试着以图片的方式来思考，他的世界将是充满色彩的，并且在声音和感受细节方面需要更多的时间。发展多重感官思维将维系这种平衡，并在细节方面产生更丰富的变化。

- 闭上眼睛，感受周围的声音。在片刻过后，让学生们去聆听较远地方的声音，再次提升注意力之前，聆听较近的声音。

教学小贴士

通过让学生们注意远近声音的不同，来提升他们对声音远近的判断力。同样可以让学生们将注意力放在方向、音量大小、音质高低，以及声调和音长（持续的或间歇的）上来加深对听力的练习。

• 每一天给每个学生一个小物件。让他们把眼睛闭上，感知这个物件的形状、大小、重量和质地。

• 选一种颜色，让学生们注意它有多少种明暗变化。

• 让学生们记下对一些问题的想法，这些问题可以是：

如果将牛奶倒入咖啡或者茶里，牛奶会变成什么样?

尽可能准确地描述你最喜欢的味道。

想象一下将你的双手放入一桶面粉里，会有什么感觉?

当雨滴落到房顶或车窗上的时候，它听起来是什么样的?

观察日记

我喜欢写日记，在这里可以写任何想写的东西。

写观察日记是让学生们熟悉各种写作形式的好方法。

观察日记可以作为本书中其他创意活动的目录，对它们进行归类记录（例如，创意15~创意20是基于感官思维，创意42“一堆问题”和创意91“注解笔记本”，这些活动反映了学生们在实际生活中的观察）。鼓励学生们关注身边的一切：天气、植物、昆虫、人、地区。你可以在任何时候进行记录，当然如果能在感受最深的时候记下是最好的。通过长期记录观察日记来“感受”周围的事物。

- 让学生们知道，如果他们不愿意，不需要向任何人展示，这个时候的观察日记通常能最大程度地发挥效力。
- 最好不要在学生的作品上做任何

教学小贴士

一个更有效的激励方法是被称为“最小化写作”的策略，要求学生们尽可能少使用句子，写下他们的评论或想法。在这样做之前，必须在写下内容之前想好要说的话，然后仔细思考和选择要写下的内容。这个活动对于那些不太愿意写作的学生而言，将是一项非常好的“交易”。

评论或标记，除非有学生特别要求这样做。即使学生要求，也最好不要写评语，只在拼写或标点上做一下标记。另外，也可以在目录上写下个人的回应，不要计较学生们在语言上的不准确。对于有些学生来说，这样做可以消除他们对于写作的束缚感：可以更加有效地把注意力集中在想写的内容上，而不用在写下感受的同时还要记着那些生硬的写作规则。

- 另外，如果学生们愿意向你或同学展示他们的日记，可以建议他们在日记上做几页公共页，并尽量保持清洁和准确。

第一印象

这个活动对学生们故事写作非常有帮助，让他们成为一个更好的思考者。

这个活动不仅可以帮助学生们意识到自己的思维，还可以认识到想法和感受是相互关联的。这个活动可作为其他活动的预热来进行。

向全班同学展示一幅图片，并让学生们记下对这幅图片的第一印象。你可以将所有的回复收集起来，事实上这只是为了开展下一步活动的一种预热。举个例子，向学生们展示一幅图片，图片上一个男人走在一条小巷里，深夜，他一只手紧紧地抓着一个包，还不停向后看。下面是学生们可能有的一些回复：

- “他被跟踪了。我觉得他偷了一些珠宝，藏在小袋子里。”从这里可以看到一些推测和猜想。我们也可以从那个男人向后看的动作，推断可能有人在后面跟踪他（我们不能确定）。另外，包里可

教学小贴士

这个活动对学生们创作故事非常有帮助。同样，基于“第一印象”的回复也可以用于其他形式的写作中（如说明文、议论文），同样这个活动也有助于提高学生们的“情商”。

能有珠宝。向学生们进一步提问，包里还可能是什么。

- “他看起来非常的慌张，并且在这条看起来非常诡异的路上……”如果有学生这样回答，可以问问是什么原因让他们觉得这个人很“慌张”，而且这条路为什么“看起来诡异”，通过提问的方式，学生们的注意力将更加集中，这有助于他们更清晰地想象和解释之前没有想到的细节。

- “我觉得他是罪犯，我不相信他。”从这里已经将观察到的事物和思考、感受进行了关联。可参考有关“第一印象”（详见创意33）的例子。

掌控自己

想象力就像一匹野马，如果你不能驾驭它，那么它就会离你而去。

一个爱尔兰的朋友曾经用这样一个短语“控制自己”（catch yourself on）来说明“自我掌握”。在班里将“掌控自己”做成海报贴在墙上，这将对思维技能的教学非常有帮助。

我常常向学生们说，思维就像一个工具箱——里面装满了各种各样令人惊奇的工具和小配件，而这些都将为你们的思考、想象、感觉以及行为提供帮助。要想成为一个思考者，也就意味着你们必须为相应的工作选择适合的工具，而具有更多的自我意识则是所有工具中最有效的工具之一。

向学生们描述下面的情景，然后向他们提问，“你觉得这儿发生了什么”或者“你对这件事有什么看法”。注意：学生们并不是必须告诉你他们的想法。重要的是，他们对这句话和情形的第一

教学小贴士

有规律地进行这项“掌控自我”的活动，会使学生更加成熟地使用这项技能，另外也会让他们懂得在得出结论之前需要反复思考。建议经常性开展这项活动，并且鼓励他们在生活中运用。

反应。

- 你看到一个穿着内衣的男人在街上奔跑，抓着一个女士的手提包。
- 你注意到一个体重严重超标的人刚刚从一家蛋糕店里走出来，脸上挂满了笑容。
- 你看到有两个人正朝你看过来，他们其中一个人正在微笑。

很容易就可以做出假设并得出结论。比如，有没有人觉得是那个穿着内衣的男人抢了那个女士的手提包？学生们对那个刚从蛋糕店里出来，体重超标的人，又有什么想法呢？又或者，如果学生在第三个场景中，是否会觉得有人在嘲笑自己？让全班同学一起思考，为什么他们会嘲笑自己？这是一个非常好的活动，同样也是一次机会，可以让学生们锻炼想象力和突破固定思维。

丰富多彩的思维

这个游戏将让学生们的内心世界更多彩多姿。

发展学生们的视觉思维将帮助他们提升阅读和拼写能力，同时也大大地提升创造性写作能力。

再次回顾我们在创意13“第一印象”中所用到的图片。将这张图片（或者另一张黑白图片）展示给全班同学，并告诉他们，“假想这幅图画是有颜色的。运用你们的想象力给这幅图填上色彩，当你想好了，告诉我都想到了哪些颜色”。

- 注意这个引导语是如何完成的。“当”是一个对成功的假设，所以学生们会在潜意识里觉得你对他们一定能够完成这项任务有着很高的期望。用“想到了”这个词，则再次强调了这种观点。

- 有些学生（更倾向于视觉导向思维的学生）可能立即做出回应，而其他在这方面有困难的学生，也拥有了同样

教学小贴士

一旦你已经确定了一个学生的“主导感官”，你就可以教他们如何利用这一优点。如果一个学生是听力主导学习者，在拼写方面有困难，那么可以让这个学生想象一下假如他在敲击键盘，敲击的是那些经常出错的单词，让他仔细听敲击的声音，这样他们可能更容易记住单词的敲击排列顺序。

进阶练习

如果一个学生在拼写单词方面有困难，那么可以让他盯着单词，尽量用眼睛记住这些单词。如果学生们对于单词的某一部分记忆有困难，那么就将有困难的部分涂上明亮的颜色，并让他们从这个时候开始记忆。

的机会来锻炼此项技能，他们只是需要时间而已。当学生们做出回应的时候，你要尽可能询问更多的细节。如果有学生说，这个男人的外衣是蓝色的，就进一步询问是什么样的蓝色。如果有人说，天空是蓝色的，那么可以进一步提问，“天空的蓝色和外衣的蓝色有什么区别”。

- 注意那些说话会使用到“应该”“可能是”词语的学生，他们可能说“屋檐可能（应该）是红色的，因为通常是这种颜色”。在这种情况下，他们不是在想象色彩，而是在“运用逻辑思维来思考”。我告诉他们不要使用“可能”或“应该”，而要使用潜意识中眼睛发现的一些色彩，当他们看到了，再来告诉我。

现在开始聆听

当学生们倾听大脑里的声音时，他们会变得格外安静。

发展学生的听力思维，将对他们的听力技能和其他方面的学习能力产生不可思议的即时提升效果。

再次使用一张黑白色调的图片，让学生们“关注声音，听听图片里传出的声音，当你听到至少一种声音时就告诉我”。

• 注意将发生的事情。有些学生（更倾向于听力学习的学生）会立即做出反应。有些擅长想象色彩的学生，此时可能比较安静，他们还没培养出从图片中“听声音”的技能。而班里的其他学生，可能既可以想象出色彩，又能够想象出声音。

• 随着学生们的回复增多，可以进一步询问更深入的细节。如果一个学生说，“我能听到老鼠吱吱的叫声”，那么让他听得再仔细一点——老鼠还发出了什么其他声音吗？

教学小贴士

当学生们在描述听到的声音时，常常会借用肢体语言来辅助他们的想象。例如，当学生们在描述“抓”和“挠”这样的声音时，常常会做出“抓”“挠”的动作。告诉学生们，利用肢体可以帮助他们更生动地描述想象到的语言。

进阶练习

利用日常的小物件和乐器来制造一些声音，让学生们猜这些物件和乐器是什么，并让他们进行描述。鼓励学生们使用一些新的短语和词汇。有学生可能将铅笔、橡皮擦落到地上的声音描述为“咚咚咚”“铛铛铛”的声音。

- 在开展这项活动的时候，鼓励学生们和声音一起玩耍，并大声地说出来。这将帮助学生们更加熟悉词汇的声音和发音形式。鼓励学生们根据词汇音节上的相似性建立起词与词之间的联系，例如“抓”“刮”“扒”“挠”“爆裂”“裂纹”“起皱”“粉碎”（scratch, scrape, scrabble, scritch, crack, crackle, crinkle, crumble）。

- 仔细探索声音的细节——方位、音量、音高、音调。这样做将引导学生们去注意声音的细微差异。例如，想象一下三个相似大小的鹅卵石掉在三个小水坑的情形。一个是“轻轻滑下”，一个是“落下”，还有一个则是“水花四溅”。注意到这三者之间有什么不同吗？

身临其境

在玩这个游戏的时候，我觉得世界都充满了乐趣。

“触觉思维”的练习再次强调了意识和身体之间的关联。同时，它也让学生们拥有更多的身体意识，并促进了他们对周围世界感受力的发展。

你可以使用一幅图片，让学生们想象颜色和声音，告诉他们：“走进图片里，站在图片中间，你会发现一些新的东西。”这样做，将帮助学生们从另一个角度全新体验他们的想象力。很多学生会对温度、质地、气味等方面敏感，而且在回复的时候，常常会伴随着肢体动作。有的学生在告诉你，他觉得街上很冷的时候，会用双臂抱住自己，还伴随着瑟瑟发抖。而另一个学生在告诉你，他觉得巷子里有一股难闻的味道时，会不自觉地捂鼻子。

- 鼓励所有的学生用他们的触觉来探索这个世界，有意地伸出手去抚摸墙

教学小贴士

在学生们不断拓展的自我意识中为他们增加一些触觉想象力，并不断加强他们这种描述感觉的能力。如果有学生说，“这个人看起来很紧张”，那么你就可以说，“你觉得紧张是种什么样的感觉？”“如果让你向一个从没经历过紧张的人解释，紧张是什么，你会怎么来解释？”

进阶练习

准备各种不同质地的东西（材料），让学生们来触摸。他们会用怎么的语言来描述这些东西呢？同样地，还可以让学生们去闻一些不同品种的草药。他们又会怎么向一个没闻过的人，描述这些味道呢？更多有关此方面的建议，请参考创意18“话说颜色”。

壁和窗户，在空气中感受潮湿或寒冷。是否有学生除了能够简单地说这是一个“寒冷而潮湿的夜晚”之外，给予更多具体的描述？此时的空气到底有什么特别的地方？

- 这个活动也为再次复习明喻和暗喻提供了机会。例如，学生们使用这样的句子来描述“寒冷”，“就好像是很多冰冰凉凉的小冰晶落到了脸上”“冷得让我头疼，就像是有人揍了我一拳”“冷起来的时候，就感觉像是背了一个重重的麻布袋一样，又冷又重”。

话说颜色

当掌握了这个小窍门之后，我觉得自己可以用更多有趣的方法来描述更多的事情。

交叉感官训练可以迅速地激发学生们以更多更有影响力的方式来描述看到的、听到的、感受到的事物。

我曾经在一个写作研修班教授五年级学生写作，当时我使用了一幅黑白的篝火晚会的图片。我对班里的学生说，“假设你就站在这幅图片里”（请参考创意17“身临其境”），当时有一个叫艾丽的学生，立刻闻了闻空气，然后说道：“我好像闻到了火焰的味道！”我立刻问道，“假设我从来没有闻到过火焰的味道，艾丽，现在能不能请你为我描述一下，那是一种什么味道，让我也可以感受到？”她想了一下，努力组织一下语言，最后告诉我说，“那是一种非常好闻的味道。”

但是，我没打算就此结束这个话题。我说，“假设你可以‘摸到’那种味道，你觉得它感觉起来会是什么样。”“很软，很蓬松，就好像棉花。”接下来，我让她想象一下这种味道的颜色，然后再想象这种味道的声音。最后，我们用这样的一句话来描述火焰，“火焰有一种柔软的、蓬松的，充满沙沙声的，非常轻盈的，紫色的味道。”和原来的“非常好闻的味道”相比，显然最后的描述更加生动且有创意。

大多数学生会迅速掌握这种使用和其他感官有关的词汇来描述一种感觉的诀窍。不管怎样，这就是我们的语言。举例来说，品酒师会用诸如干涩、微酸、强壮的、清爽的、泥土的、紧致的、半生的、单一的、强烈的、丝滑的、生涩的、淡淡的，这些词语来形容红酒的气味和口感。

一旦学生们掌握了这一点，那么在描述一些事物的写作时，将变得更加具有创造力。

进阶练习

演奏一些乐器，告诉学生们，“如果这些声音是一个人，那么这个人看起来会是什么样的？”在学生们说完之后，再次演奏乐器，并且提问“如果这是这个人的性格，那么他的性格又会是什么样的？”又或者，在班里展示一幅抽象的手工画，“如果将这幅画看作一首歌曲，你觉得你会听到什么？”

思维的旅行

思维的旅行可以让学生们感受到，想象力会随着训练而变得更加强大。

这个活动将帮助学生们注意到自身的思维，从而提高他们集中注意力和自我认知的技能。同时，还能提升学生们在描述性写作中的词汇运用能力。

思维的旅行是一项具有引导性的视觉化体验过程。告诉学生们，对于你的提问没有“正确答案”，而活动中真正重要的是，每个学生在描述他们对这种事物的感觉时所使用的词语。

告诉他们将展开一场想象力的旅行。每次开始之后，你可随时停下来，向他们提出一些问题，然后需要他们将自己的答案写下来——不能超过一个或两个句子。他们也不需要“回答”所有的问题。在每一个提问之后，停顿一分钟，或更多的时间，用于学生们思考和写作。你

进阶练习

思维的旅行也可以简化起来使用：在游戏时间结束后，开展几分钟这样的活动可以帮助学生们逐渐安静下来，并且为下面的学习做好准备。较长时间的可视化过程可以作为深入写作的开始。当学生们进行了多次的思维旅行训练后，可以请他们写下自己的感受，并与同学分享。

的问题将帮助学生们体会到所有的感官（参考创意20“调动多重感观思维”）。

- 假设你正驾驶着一辆车开往海边，正当你关掉引擎的时候，忽然下起了大雨。假如我从来没有听到过那种声音，能否请你为我描述一下呢？（小提示：尽量不要让学生们使用一些特别明显的或大家都用的词汇，例如，噼里啪啦、稀里哗啦。）

- 你光着脚踩过一条宽宽的由鹅卵石铺成的小路，那是种什么感觉？

- 你买了一些棉花糖，带到课堂上，让学生们假设向从没有吃过棉花糖的人描述它的气味、口感，以及摸上去的感觉。

调动多重感观思维

在进行几周的多重感官思维训练后，班里一个女孩说，她感觉像是拿掉了脑中的一块隔板！

通过尝试下面的活动，再次巩固你和学生们曾经做过的感官练习。

我曾经让一个六年级的小组，描写一段吃水果的内容。

• 当时有一名老师把我叫到一边，跟我说，那个叫卡梅隆的男孩，似乎不太愿意完成任务，他好像不喜欢写作。当我看过去的时候，发现那个男孩将自己的拳头放到了腋窝下，似乎正在生闷气的样子——当我再次朝他看过去的时候，发现他根本没有生气，而是紧紧地盯着前面桌子上一些看不到的东西。然后，他忽然凑向桌子，把那个东西拿起来，闻了闻，掂了掂它的重量，用他的T恤擦了擦，然后咬了一口（顺手擦了擦下巴上的果汁），然后把那个东西放了回

进阶练习

将多重感官思维应用到知觉里。当感到愉悦的时候，想象一下此时的颜色、声音、形状和质地，然后将他们扩大化，让这种感觉更加明亮，更加大声，也更强烈。与此相反，当遇到不开心的事情的时候——尽量弱化这种感觉，改变它的形状，淡化它的颜色，减小它的声音，去掉这些粗糙的边角。最后，进行完整的想象，并通过现在学到的修改思维模式来控制你的想象力。

去，最后他写出了全班最好的一篇吃苹果的文章。当我向他提问，你是怎么写出这样一篇生动的文字时，他说，“好吧，你必须全身心地投入进去，将正确的词放在正确的位置上。”而我则向学生们说，这样做是因为想象力会通过全身来表达。

- 让学生们使用全部感官来写一篇描述性的文字。

- 鼓励学生们尽可能多地使用他们的感官，并在观察日记上做笔记（参见创意12“观察日记”）。

视觉化想象

想象力远比知识更重要。

——阿尔伯特·爱因斯坦

想象力视觉化会使学生们的学习能力全面提高。

想象力被认为是一种以已知的情况为基础，在头脑中进行加工，创造出新形象的能力。通过想象力，我们可以在头脑中进行旅行，到达不同时间和地点，也可以对我们的未来有所预想。通过“如果”这种假设，我们则可以对将来还未发生的事情进行各种可能性的预测。伴随着记忆的积累，想象力使人类的思维变得更加强大，最终成为一种生命转换的来源。

视觉化则为我们将思维与各种想象的场景连接起来提供了绝好的机会。和学生们一同开展下面的这些活动，然后，再让学生们展开自己的想象：

进阶练习

如果你经常重复这项活动，那么可以渐进地增强学生们的关注能力，开展想象力。在完成这项活动之后，让学生们想象一下，经过他们的改造，这辆车会是个什么样子。

锦囊妙计 ★

视觉化想象对于提高学生们创造性写作的丰富性非常有效。他们能想象到越多的细节，就会有越多的写作元素。鼓励学生们尽可能去想象一些人物、地点和事物的细节，给他们充足的时间来进行想象。另外，还可以通过提问来激发他们的想象（但千万不要给他们答案）。你可以说，“那么你注意到的另外两件有趣的事情是什么？”

- **描述一条路线**：将学生们分成两人一组。让他们其中一人开始想象一条熟悉的路线，比如从家到学校或者从家到商店，然后向他的搭档描述这条路。搭档可以提问或者要求更多的细节，不过这个过程一定要进行得非常小心，不然就会打断想象者的思绪，破坏了这个过程。

- **增加变化**：让学生们想象一个大家熟知的事物，比如，一辆小汽车。向他们描述这辆车的细节或者展示一幅图。然后，按照你希望学生们去想象的顺序，让他们开始在这辆车上做一些改变，比如，将轮胎变成粉红色，想象自己坐在车里的另一个位置上，调换电台，等等。你可以将学生们分成小组来开展这项活动，也可以将全班作为一个整体来开展这个活动。

表现活跃

老师总是鼓励学生活跃一些，但这并不是说可以随便问一些学生想问的问题！

“表现活跃”是指关注和提问。在任何一所学校，这些行为都是构成思维技能训练课程的核心内容，不仅如此，它也是人类好奇心的基本表现。

在本书中很多创意活动都体现了这种关注和提问，而当它们集合在一起的时候，则形成了一种在学生中值得被广泛鼓励的态度，以及对待好奇心的思潮，也正是这种思潮构成了学生们被教育的方式。

虽然关注和提问是一种自然本能行为，但由于各种原因，例如为了方便、节约时间，我们希望学生只是成为被动的接受者，而不是成为主动的提问者。在学生的意见缺乏足够价值的情况下，他们的关注与提问的行为很容易被抑制。为了能够激发学生们的这种行为，你的

教学小贴士

为学生做个榜样，当你表现出关注和提问的时候，学生们就会感到更加自在和自信。

创意 22

进阶练习

将学生们新的观察技能应用到其他领域，让他们关注一些曾使用过的特殊语言，尤其是当同伴用到这些词句的时候。另外，要特别指出面部表情和肢体行为都能表现出人们的感受。使用这种方式训练学生们的观察技能，并利用这种观察技能发展他们感同身受的能力。

课堂和教学方式可以以“表现活跃（自由发挥）”的方式进行引导。以下是几个小建议：

- 在你的桌子上，每隔几天就放置一个有趣的小玩意儿——一个非常精巧有趣的装置或工具，一个来自国外的水果、一幅拼图等。
- 在你的房间里贴上一幅海报并在海报上标上，“今天，你又有什么奇妙的问题？”
- 如果一个学生向你提问，你不用立刻回复，可以用一种非常自信的语气说，“我不知道，不如我们一起来找出答案？”
- 在你的墙上留一块空白处，准备一个“一周之我见”的创意区。在这个区域的中间，可以写上一句引用的话、一句格言、一个“惊呆了”的事实，又或者一幅有意思的图片。邀请学生们留下对于这些内容的想法、相关的事实，又或者更多更深入的问题。

意识的状态

以前从没想过，我思考的方式可以影响我的情绪。

我们的想法、感觉以及身体的行为都是相互关联的。让学生们更多地了解他们的想法是如何帮助他们成为感情更为丰富的人。

以下是一些可以帮助学生们尽快做好学习准备的小建议（小技巧）：

• 在让学生们开始回忆和说出新的想法之前，给他们一些“安静的思考时间”。告诉他们怎么控制呼吸——让学生们开始吸气，当你缓慢地从1数到4的时候，让他们屏住呼吸，这时你再从1数到4，让他们慢慢吐气，当你数到下一个4的时候，这一轮呼吸才结束。

• 使用抛砖引玉的方法调动学生们积极正面的情绪和有利于学习的状态。一块“砖”能将你对学生的期待和愿望连接起来。当你每天站在讲台的中央开始告诉他们一些事情的时候，他们也坐

进阶练习

在“呼吸时间”里，当学生们吸气的时候，让他们想象一下自己是在一束白光里进行这项活动的，这束光充满了能量和热情，让他们提前进入学习状态。在吐气的时候，让他们想象出一束蓝光。这样做可以减少学生们的焦虑和压力。白光和蓝光的交替用法是一种非常古老的技能，最初被用于有关冥想的实践中。

在那里开始聆听。在学生们的潜意识里，自然就形成了一种连接，那就是当你开始站在那里，他们就会准备好听你讲话。

- 充分意识到同化时间、等待时间和思考时间。所有的人都需要花时间处理和同化信息。当向学生提供一些新的情况和想法的时候，他们会需要用以上所提到的这些时间来整合所有的信息。可以在第二天或者下一周来复习这种学习方法。当你向学生们提问的时候，给他们一些缓冲的时间，不要立即跳到答案上。

创造联结

有的时候，好主意就在不经意间冒了出来。

创造性思维的两个关键因素，分别是制造联结和从不同的角度看问题。

制造联结的产生主要发生在有意识和无意识两种情况下，当我们将两个或更多分散的想法联结起来，就会变成新的信息。简单一点，我们可以将它看成两个词，那就是：形成和信息结构。从不同的角度来看待同一个问题能让我们的思维保持活跃和清晰。

以下是一些有助于提升创造力的活动：

• 向学生们展示一张纸上的一个很大的黑点，然后提问："这看起来像什么？会让你想起什么？"学生们的想法可能一瞬间涌上来。当他们渐渐安静下来，再次向他们提出更深的问题："现在让我

进阶练习

在这些活动之后，向学生们提问，“在所有的想法中，你们觉得哪一个才是正确的”。很可能的情况是，至少有一个学生会说“每一个都是”。如果没有学生这样回答，那尝试着向他们引导出这个答案。在此之后，还可以接着问，“在我听到这些想法中，哪一个是最棒的？”你再一次寻找“每一个都是”这样的回答。向学生们说明，我们开展这个活动的目的在于，让他们有尽可能多的创意和想法。

们来想一下哪些标点符号……”“现在让我们来想想哪些动物……”（请参见创意 14“掌控自己”）

- 向学生们分发一些以分散的黑点为主题的图片，图片的主题包括：动物、星座、恐龙等。让学生们将这些黑点用线连接起来，创造出更多与主题有关的内容。

- “空想性错视”是我们对于所看到的事物的边缘产生的一些想象，例如，脸面、动物的外形，以及灶台产生的烟雾、火焰等。在谷歌图片中搜索“幻想性错觉”，你会发现有很多可以向学生们展示的例子。

- 让班上的学生分别在一张纸上写下一种物体、动物和感觉的名字，然后将这些内容放进一个信封，随机抽取一张，让学生们对写在纸上的内容进行尽可能多的联想。

思维审查

从来都没想过，我们竟然可以有这么多不同的想法。

在发展学生的有效性思维中，最重要的一点就是让思维变得清晰有效，将思维从内向外展开。

以下是一些促进有效性思维的活动：

• 将数学概念、语法词汇和写作水平的定义公布，并贴在墙上，创建一个不同类型思维的展览。一个典型的“思维”海报将包含这项技能的定义、解释以及至少一个例子，或者一个可供学生开展的活动。举例来说，“推理假设，推理是我们尝试用已知的知识来解释一些未知事物的过程，而对于下面的这些内容，你又能想到哪些解释呢？”

——月相每晚的变化。

——奶酪放在空气中就会发霉。

——树叶到了秋天就会变黄、脱落。

——彩虹持续的时间总是很短。

教学小贴士

在教室里挂上一些有关思维和想法的名人名言。一个简单快速的搜索会为你提供丰富的范例。

进阶练习

为了更好地发挥海报的功效，可以在海报旁做一张思维技能清单。尽量和学生们开展练习，有意识地将思维训练融入到授课中。

- 注意学生们使用的语言反映出他们的思维，并向全班指出这一点。例如，再次回忆一下创意15“丰富多彩的思维”。在想象颜色这个环节，你常会听到学生们说，“我想的天空有点蓝，又有点黑……”而你的回答可以是，“我喜欢你用到的两个有关颜色的词。我注意到，你最后说的也是这两个词。（面向全班）那么你们觉得‘蓝色’和‘有点蓝’之间有什么不同吗？”

思考时间

在我职业生涯的早期，每当向学生们提出问题，而他们保持沉默的时候，我都会迫不及待地将我的答案公之于众。

对于“思考时间”的认识会帮助学生们成为更有效率且更为自信的思考者。同时，它也将成为课堂中一个非常实用的组成部分。

你向学生们所提供的“思考时间”的长短需要根据对学生们所期望的思考类型来进行合理安排。以下是一些基本的思考原则：

- **认可学生们的想法**：这一点在建立“思维教室”的过程中是最重要的。但是，它并不意味着你或者其他的学生需要同意其他人的所有想法。但是，如果有学生愿意努力思考，并将自己的想法与大家分享，这种努力是值得表扬的，即使他所得出的结论并不是正确的。
- **让想法变得更直接**：可以通过学生们的语言或者写作内容来追溯他们的

教学小贴士

在你的课堂上建立思考时间。例如，如果你在进行头脑风暴的环节，或者需要学生们快速产生想法，那么他们常常会需要一点思考的时间来进行考虑。向学生们提供适当的思考时间，并对思考时所带来的沉默，处之泰然，就是你接下来需要做的。

想法，并由此推测学生们的思考轨迹。通过逆向追溯这种思维过程，不仅可以给学生们提供展示他们想法的机会，还可以让全班学生对各种思维技能更加熟悉。因此，对于提问的一个典型回复可以是，“所以你想了三种可能性，并且认为这第三种想法是最好的，理由是……”

- **采用利用的原则**：学生们还处于一个不断学习的阶段（不是我们所有人）。利用的原则建议我们接受学生们所能提供的想法，并努力以一种可以帮助他们更好学习的方式来对他们的想法做出回应。因此，与其直接告诉他们，这个答案（想法）是错误的，不如让他们再检查一下，或者给他们更多的思考时间。

我知道这听起来很傻，但……

我以前经常这样说，直到有一天，我意识到老师真的是想要知道我在想什么。

发展有效且具有创造性的思维非常重要的一点在于，让学生们充满自信，认为自己的想法是有价值的。不仅如此，还必须通过行动向他们证明“我认为你的想法是有价值的”。

创造力与实际会发生的事情其实并没有太大的联系，因为有些想法可能真的很“无厘头”，或是没有经过仔细思考的，甚至还有一些想法从事实的角度来讲，根本就是错的。创建一个思维教室就要求我们在教授各种不同思维技能的同时，需要不断地鼓励学生们贡献他们的聪明才智。如果说“赋予胆量”真的仅仅意味着“给一个人鼓励和勇气”，那么它就没有太大的意义。

- **在脑子里牢记这三点**：这项有名的课堂活动建议我们，通过引导学生更深入地思考，给予他们一定的肯定。当

教学小贴士

有效地回应包括以下几种：“我们如何实现这个想法呢”“你是怎么想到那个答案的”“还有没有其他可能的解决方法呢”“对于这个问题，还有其他的解决方法吗”“你觉得如果是……他又会怎么来解决这个问题呢”（选择一个熟知的卡通人物或者科学家等）。

创意
27

锦囊妙计 ★

"对待事实要像冬天般冷酷、严肃，对待学生要像春天般温柔、仁慈"，这项原则广泛适用于课堂。如果一个答案是错误的，那么它就需要被纠正。如果一个想法只是一时的冲动，那么这个学生还需要二次思考。

我们在批改作文时，或者学生们进行口述表达的时候，给予肯定非常有效。例如，你可以说"我觉得你的想法还不错，不过对于那个结论，你还可以再想想"。

- **给予真挚的赞美：**学生们很快就可以看出，老师们对他们的想法常常会做出的三种表扬策略，"很棒""干得不错""太聪明了"。有时候一些想法可能和这个主题没什么关系，但如果一个学生尽了最大的努力做这件事，那么你可以真挚地表扬他的这种努力的精神。

一枚回形针的多种用法

在结束这个游戏后，大家一致认为回形针真的非常有用！

这项简单的活动迅速调起学生们的兴趣，鼓励他们自信、高声地说出自己的想法，创造出一种“思考是充满乐趣”的氛围，再次强化了“我们到底有多少种想法，又用它们做些什么”的原则。

这项活动本身的价值无法估计，它可以使沉默寡言的学生变得更加积极踊跃地说出自己的想法，并参与到活动中。以下是这项活动的具体实施步骤：

- 对需要解决的问题和概念给予清晰的解释。
- 让他们把想到的都说出来。
- 记录下所有的想法（可以让一个学生做志愿者进行记录或者拍摄）。
- 不要对任何想法进行评论。
- 给予学生们一定的时间进行思考和反馈，他们在这段时间里可以将自己想法进行修改，对有效的进行评级，对无效的进行删除。

教学小贴士

让这个游戏一直保持一种很好玩的状态。在好玩和好主意之间绝对会有联系。

进阶练习

将这个游戏和其他活动结合起来用。例如，创意32“如果……怎么办”，或者创意73“抛弃地球”。另外，你也可以使用十字法来开展这个游戏：如果你将一枚或者多枚回形针挂在一把瑞士军刀上或者温度计上，那么你能得到什么？

- 如小组开展活动，给予他们一定的时间，让他们对结论进行商讨和总结。

请全班同学一起来思考这样一个问题，“一枚回形针到底有多少种用途？”给学生们一个明确的思考时间，如5分钟。开始的时候，学生们的想法可能像潮水一样涌现，但很快就会越来越少。而你需要的只是学生们潜意识中的想法，如果他们看起来“正在努力地想”（也可以理解为“抓耳挠腮”），那么你要尽力去激发和引导他们。可以尝试以下策略：

- 普通的想法：如果一个学生说，“可以给朋克族做耳环”，那么你可以这样激发他，“还可以做其他的首饰吗？”
- 另外一种观点：如果蝙蝠侠发现了回形针，它会怎么使用呢？如果回形针比我们看到的大10倍呢？

知觉

思维技能的发展和有效掌握我们的知觉密不可分。

这些活动不仅可以让学生们复习学过的思维技能，还有助于掌握新的思维技能，帮助他们成为感情更为丰富的人。

- 鼓励学生们关注自己的情绪，尤其在情绪刚开始发生变化的时候，尽可能发现产生情绪的诱因。情绪常常是“悄悄地来，又悄悄地去”。例如，我们有时会感到焦虑，但在主导意识上并没有感受到这一点，这让我们在解决问题时变得非常困难。

- 让学生们写“感觉日志”，记录情绪变化。经常性记录良好的感受会让内心变得更加强大（特别是当我们再次读到那些记录下的感受时），而写下不好的情绪则可以帮助我们更好地“缓解郁结”。向学生们强调，这本日志是纯私人的，如果他们希望同其他人分享，也是可以的。

教学小贴士

老师可以告诉学生，他会“一直在你们身边”，如果学生们有想私下对他说的话，那么他会为他们保守秘密。这种情感上的支持对学生们来说将起到极大的帮助。

进阶练习

另外一种改善情绪的方法就是“控制板”技术。让学生们画出一个控制板，上面有一些特殊的按钮、拨号和开关，然后让他们决定每一个不同的按键控制哪些内容。一个“开心键”可以让你开心，另一个“生气开关”可以关掉生气等等。将改变之前和改变之后的控制板画出来，将有利于再次巩固这项工作。伴随着实践，大多数的学生们都可以预想到他们的控制板，并快速地调整控制板的设置。

- 保持积极向上的情绪，将在自己认可的行为和一些被意识控制的事物之间建立一种连接。让学生们记住愉快的情绪。例如，快乐、成就感或者自信。当他们情绪愉悦时，将左右手进行摩擦，并记住这种感觉。这个小小举动会在我们的大脑意识和行为之间进行有效的连接，而在我们的意识里，这种正面积极的感觉被记忆下来。由于这种强化是随着时间和次数的增加而逐渐加深的，所以我们需要多次、有规律地重复这项活动来强化和放大这种效果。一旦一个学生形成了这种反射，那么当他产生焦虑的情绪时，通过摩擦手指来唤起正面积极的情绪，这可以有效地减少负面情绪的影响。最重要的就是让学生们学会如何调整自己的情绪。通常不愉快的经历总是以一种相同的方式被记忆。通过向学生们演示如何改变不愉快情绪的记忆过程，与他们相关的负面情绪会逐渐被消减。这个活动在采取一对一的开展方式时，能够起到最好的效果，当然你也可以在小范围内开展这个活动。

向学生们解释，你希望他们能够记住一个最近发生的“中立的”事件（一件不会引起任何强烈情绪的事件）。使用一个中性的事件让学生们逐渐习惯去使用那些调整坏情绪的技巧。良好的情绪并不需要改变，他们唯一要做的就是回想那些美好事物的开心记忆。

当学生们开始回忆时，让他们有意识地去注意如何在想象中表达自己的情绪。是通过什么角度来看事情的，是从旁观者的角度来看吗？他们看到的影像是彩色的，还是黑白的？是有声的，还是无声的？是清晰的，还是模糊的？有没有一些特别生动的呢？同时要注意身体动作和呼吸是否随着这些想象的内容发生改变，是如何改变的。

告诉学生们多回忆几次，每一次都需要对回忆的内容做一点加工。例如，如果一个学生的回忆是彩色的，那么就让他将回忆变成黑白的。

最后，当学生们准备结束想象的时候，让他们专注地看着教室中一个有趣的物体，做几次深呼吸，以此结束这一切。

锦囊妙计 ★

一个快速有效处理负面情绪的技巧是，将情绪想象成一个有形状的物体。让学生们告诉你，他们感觉的形状、大小、重量、颜色、气味，以及质地等。然后，进一步问道，“这种情绪在身体的哪一部位。”接着，再鼓励学生们改变这种感觉。也可以让学生们想象一下，他们可以将这个东西（感觉）从一个地方转移到另一个地方，最后将这个东西（感觉）完全从身体里取出来，放进一个盒子或背包里。

注意：你可能觉得这是一个很无聊的游戏，但由于意识和身体是相互联系的，所以想法及如何去想都会对我们的情绪产生巨大影响。

创意 30

内在世界

这个游戏将为我的故事塑造更好的人物。同样也让我认识到每个人看事物的方式都是不同的。

这项活动有助于学生提高关注、关联和解读的技能。

教学小贴士

年龄稍大的学生们似乎能够更好地理解这些图片并不是真实存在的，而只是人们想象中的一些概念。像这样的活动可以被用来作为引入或者挖掘比喻式思维的工具。

进阶练习

在已经选好的图片中，加入一些学生们新选的图片，这会使他们产生新的想法。按照小组来为其他的人物制作“思维地图”，然后交换彼此的意见，并讨论在这个人物的生活中到底发生了什么。探讨一下，在语言中所使用的比喻是如何反映我们对事物的思考的。

向学生们展示由一系列的事物组成的一幅图画，例如，人的脸，一个远距离的建筑物，一枚橡果，一片树叶或者一台电脑。告诉他们，这些图片都是存在于人们意识中的图像，“你觉得他们为什么会想这些事物？”问题没有正确的答案，这个游戏的目的就是鼓励学生们对问题做出合理的解释。以下是一些回复：

- 我觉得应该是秋天，因为树枝上有橡果，我想这个人是个不想上学的男孩。
- 我觉得这个男孩很聪明。因为他的大脑一直在发光！但是，他对使用电脑感到很紧张。
- 在右边，他正在试着拿什么东西……
- 是书架上的东西吗？那实在是太高了。
- 又或者，他可能在考虑怎么做成绩才会提高。

鞋盒人生

这个游戏可以帮助学生们更多地思考盒子外面的世界。

可以应用于学生们的语言文字练习上，也可以锻炼学生们推理、假设及大胆猜想方面的能力。

准备一些鞋盒（或者和鞋盒差不多大的盒子或纸袋），用各种各样不同的东西塞满盒子，这些东西可以由你准备，也可以由学生们准备。假设盒子里的东西属于某个人，那么这个人大概什么样，让学生们来描述“与这个人有关的内容”。如果让学生们来准备盒子和里面的物品，可以采用小组讨论的形式一同研究他们希望这个人物是什么性格（再来准备填充物），这会更有助于游戏的开展。

一旦盒子准备好了，那么将盒子分发给每一个小组（如果是学生们自己准备的盒子，那么就彼此交换），让他们对这个假设的人物进行猜测并做好记录工

教学小贴士

向学生们强调一些表示程度的词。例如，“肯定”“很可能”“似乎”“可能”“也许”“大概”等。鼓励学生们选择不同的词语来表示不同的程度。同时，向他们强调一些表示“原因的词语”。例如“如果”“因此”“所以”。另外，不管是在游戏开始前，还是游戏过程中，都可以提醒学生们去使用一些不同的思维技能。还可以在创意99“令人惊叹的意识”中，找到一些思维技能的例子。

进阶练习

使用一些方法帮助学生们进一步充实他们故事中的人物。另外，如果你正带着学生们学习一本书，那么可以让他们想想，如果他们是这个故事中的人物，那么他们又会在盒子里放些什么东西呢。

作。向学生们提供一些盒子中物品的相关信息，如对人物进行描述。

- 盒子里有一个奶瓶和婴儿湿巾，所以这个盒子的所有者应该有一个小宝贝。
- 盒子里有火车票和飞机票，所以这个人很可能喜欢旅行。
- 盒子里有一张读书列表，所以这个人很可能喜欢读书。

如果……怎么办

开展“如果……怎么办”这项活动对我帮助很大，它让我充分了解了非洲，还记住了很多有关非洲的知识。

“如果……怎么办”这是一个万能的游戏，既可以用于仅有10分钟的头脑风暴活动，也可以作为热身用于需要更多深入探讨的主题活动。

以下是一些我曾用过且效果不错的主题：

- 如果每天地球都要忽然失重5分钟，怎么办?
- 如果当人到了50岁时个子开始萎缩，那么到了70岁，身高是否只有7厘米呢?
- 如果地球上还有一种比人类聪明10倍的智能生物，会是什么样呢?你会怎么办?
- 如果愿望可以实现，但仅能实现一天，你会怎么办?

另外，还可以让学生们讨论一些与

教学小贴士

当老师第一次开展这项活动的时候，让问题尽可能显得幽默和轻松。问题中轻松有趣的部分将吸引更多的学生参与到讨论中。例如，“如果每个人的头上都有一个气泡来展示人的想法，而这个气泡的颜色则反映了人的心情，那么会怎么样?”

进阶练习

将“如果……怎么办”这个游戏作为一种工具，将你希望让学生们了解的概念、事实以及与主题相关的词汇进行关联。例如，如果你想介绍一段有关非洲的主题内容，那么可以这样问，“如果撒哈拉沙漠忽然开始扩张，那么是不是所有的大陆都将变为无人之地呢？人类将怎么办？”

“如果……怎么办”相关的问题，例如：

- 如果……世界将会变成什么样子？
- 如果……那么会出现什么问题？
- 如果……我们应该如何处理这些问题呢？

就算“如果……怎么办”这样的问题是不可能发生的，或者它提出的是一些非常让人匪夷所思的事物，但它们通常也是对真实世界的一种反馈。比如，上面提到的有关人类身体萎缩的问题，完全可以引导学生开展对于社会平等以及对老年人关爱的话题。同时，还可以引起对为什么生物的体积会有所不同，以及它们为什么是现在这个样子等问题的思考。另外，还有其他一些问题，例如，世界上是否真的存在小矮人，或者关于我们为什么要关心他人的哲学思考。

第一印象

当老师讲到第一印象的时候，我才意识到想法和感觉是怎么连接的。

这项活动促进了学生们反思和情绪控制的能力，同时，减少了学生们对一些未经验证却被普遍认可的事物全盘接受的可能性。

“第一印象”指对一个事物开始注意，但还没有真正进行思考。换句话说，将“观察”和“意见”结合起来时，第一印象是以我们的情绪为基础而形成的一种反应。

- 其他人能够很自然地调动起你的情绪（父母、同学等），而不是基于个人所得出的某种结论。
- 如果第一印象没有经过验证，随着时间流逝，就会变成普遍认知，虽然它表现得有些模糊，却能够对情绪产生极大的影响。

向学生们展示一些普遍认知的事情，让他们按照同意或不同意的程度进

教学小贴士

多次重复这项活动。鼓励学生们花时间进行思考。

进阶练习

帮助学生们认识：媒体中的固定思维（老套印象）；充满感情性、说服性的语言和修辞；思考怎么用一些反例来检验那些大众意识；而我们的观点又是如何被其他人的想法所制约的，我们也并不总是能够自己做出决定。

行分类：

- 高个比矮个寿命长。
- 戴眼镜的人比较聪明。
- 女孩跑得没有男孩快（这一点常常得到非常强烈的反应）。

为什么

我知道自己不会因为问了太多问题而被责备，这种感觉实在是太棒了！

成功的思维课堂有一个重要的标准就是，学生们“被动式”思维的减少及主动式提问的增加。

当所有的想法和问题还没有得到质疑和探寻的时候，我们的思维就是“被动的”。这确实是对的，当然，有些我们已知的信息是可以被信任的：我们不可能花时间去检验所有的事情，特别是在固定的课程时间里，有需要完成的教学内容。即便如此，当学生们被动地接受信息成为一种习惯，他们就不太容易在重复和复习各种思维技能中获得长足的发展。

“被动式”思维环境通常有以下特点：

- 老师常常提出一些封闭式问题或者反问学生。
- 学生们在复习阶段总是重复一些

教学小贴士

有些学生会从老师那里获得一些许可，提出一些奇怪或思考后的问题。当一个学生在老师所说的每一句话后面都加一句“但是为什么”的时候，会让老师抓狂。和其他的思维技能一样，在开始的时候设定一些制度。必须充分利用想法的相关性和适用性，才能得到适当的使用。

进阶练习

可以让学生们提出这样的问题：为什么？我们怎么知道的？那是真的吗？它还有没有其他的例子？我们怎么来验证它？我在哪儿还能找到更多的信息？

简单的事实。

- “记住我告诉你们的”行为，常常让学生感到需要牢记“正确”的答案，并将“正确”的答案作为成功的标志（这常常与学生们担心犯错的想法结合在一起）。
- 学生们对外界权威的极度依赖，对于听到的信息毫不质疑。
- 将教学/学习的评判、竞争以及内容的重要程度看得过重（学生们常常对于知识的重要性有一个等级排列）。

主动式思维

经验告诉我，当学生们有了更多主动式的思维时，能享受到更多的乐趣，也更易于提高他们的学习成绩。

当你鼓励学生们更多地向他们必须学习的内容进行提问的时候，对学生而言，以“知识主体”这种形式承载的课程内容具有更大的相关性和趣味性。

让学生们意识到提问并不是一件愚笨的事。我告诉学生，提问代表了一种智慧，“通过提问，我发现了一些之前不能确定的事情，并且学到了更多的知识。”

一个快速有效且能够激发主动性思维的方法，就是在黑板上写上大家都认为是正确的事实，例如“地球是圆的”。在学生们来到教室之前，就做好准备工作，注意他们对此的反应。理想的情况是，至少会有学生提出以下问题（如果没有人有反应，那么就需要重新调整这个提问的环节）。

- 你为什么觉得地球是圆的？

教学小贴士

在提问的环节里，你也可以提出更为深入的问题。例如，“我们什么时候知道，那些事情就是事实”“你以前有没有想过，有些你以为是不正确的事，现在却是对的”“你是否知道哪些事情永远都是对的”……

- 我们怎么知道地球是圆的?
- 我们说的“圆的”是什么意思?

有没有一个更精确的词可以描述它?

最终，这种引导式的提问会引出我们一直期待的思维方式：

- 学生们会更为准确地使用与主题有关的词。
- 他们会产生更多的问题。
- 他们会更倾向于自己寻找，验证和得出一些结论。
- 他们会在其他的课程中表现出这种行为。

关联游戏

这个非常简单的假设性活动有效地激发了学生们的创造性思维，让他们变得更加自信。

创造性思维中最重要的一点就是，能够将各个独立的想法进行有效的且有意义的连接。

向学生们展示经过挑选的一些图片,图片上的内容主要以静物为主,例如,一张面具、一把钥匙、现金纸币、一支铅笔、数字、手表、数码播放器等。让学生们随意选择两个相关的物品，例如：

- **约瑟夫**："我选钱和铅笔，因为他们都来源于树。我的意思是，钱并不是从树里长出来的，而是来自树浆！"
- **卡洛**："我选数字和钱。如果一系列的数字是保险箱的密码，那么钱就可以放在保险箱里。"
- **尼尔**："我选数码播放器和手表，因为它们都会动。而且，有些数码播放器还会告诉你时间。"

进阶练习

接受学生们的想法并要求他们提供更深入的例子。例如，约瑟夫答案背后的重点就在于"木头"，那么可以要求他提供更多与木头有关的例子。可以问问他，树能不能归属于比"木头"更大的科目。有的学生可能说，树还属于"生物"，那么同样请这个学生举出更多这方面的例子。你很可能听到植物和动物这样的答案，那么再更进一步询问，还属于哪些其他的科目。

创意
36

锦囊妙计 ★

开展“猜猜它们有什么关联”的游戏。每天都在桌上摆上两个物件，然后让学生们说说它们之间有什么关联。另外，还可以通过让其他学生每天都随机地增加一个新的，让他们思考，这些东西是如何关联的?

在待选的事物中增加更多的内容，让学生们选择三个事物并连接起来。这些事物可以没有主题，或者就是随机的。通常情况下，学生们会自己“提高难度”，向你询问是否能使用四个或者更多的事物来进行联想。这项活动将竞争力作为正面的积极因素来激励学生们的思维。注意：这个活动并没有统一的正确答案，也不是每个学生都需要参与，那些仅仅是在旁边观看的学生，也可以看出这些事物是如何被关联起来的。

目录游戏

这个游戏的作用在于，可以让学生们思考为什么要把这些东西归为一类。

目录分类是一项可以应用于所有主题的基本思维技能活动。这项活动非常的灵活，可以根据班上学生的年龄、能力以及你开展的主题进行调整。

从你在房间里能够看到的十个物品来开展这项活动。例如，杯子、电视机、平底锅、地毯、图片、椅子、勺子、电脑、肥皂、咖啡。而这些都可以被归类为“家居用品”。还可以通过以下这些方法更深入地开展这项活动：

- 在这些物品中，有没有两件或者更多可以适用于其他的目录？电视机和电脑还可以适用于“电子设备”这个目录，杯子和勺子可以适用于“厨具”这个目录。进一步思考一下，还有哪些物品适用于其他目录。
- 首先，使用上面提到过的那些家

教学小贴士

目录分类基本上覆盖了所有的事物。比如，当学生们熟悉这个概念之后，可以利用目录游戏来加强和巩固部分概念。我们怎么来定义形容词和动词的类别呢？同样，也可以使用数字图表的方式来进行分类。研究一下学生们是如何进行分类的。这些目录又在使用性、有效性以及真实性上怎么表现呢？

居用品，让学生们按照这些用品的大小、花费、功效等进行排列。当学生们的想法越来越多且不统一时（他们经常会如此），鼓励他们说出支持他们想法的原因（使用这些连接词“因为”详见创意2“思维就像是……”）。

- 当你带领这些学生们开展目录游戏的时候，可以向他们介绍或者复习维恩图解。例如，电视和电脑既可以属于“家居用品”，也可以属于“电子设备”。还有其他的属性是这两个物品共有的吗（如“现代发明”“教学工具”）?

- 全班同学一起来思考和研究一些发现或发明。大家制作一个大事年表，让各个小组在这个表的每一项事物的“你还知道吗”这一栏里增加一些有趣的内容。

主题周

我们的老师说，主题是“很大的想法”，但想象力比主题还要大上好多倍。

主题是建立起很多小话题的平台，还是将课程中不同的部分深入连接起来的桥梁。

建立一个主题，比如“身份认证”。首先，问一下学生们是怎么理解“身份认证”的，记下他们的答题。然后，把全班分成多个不同的小组，让每一个小组围绕这个概念建立一个网页（详见创意7“词汇连接、词汇链和词汇网”）。浏览学生们的网页，帮助他们建立一个有效的“身份”概念。这个概念可以延伸到各个不同的主题领域：

- **历史/地理**：是否可以认为一个国家的地理特征代表这个国家身份的一部分？当我们说“文化身份”的时候，又指的什么呢？如果我变成了另一个国家的公民，我的身份是不是也随之改变？

教学小贴士

从学生们喜欢的图书和电影中选择一些主题。帮助他们来发现这些主题的方法之一，就是向他们提出“这个故事是关于什么的”这个问题。另外，大多数陈述性的作品都有一个基本的主题，那就是好的对抗坏的，而其他一些附属的主题是建立在这个基础之上的。鼓励学生们将主题作为自己故事的一部分来考虑。开展与选定主题相关的头脑风暴活动。

进阶练习

许多哲学方面的问题都揭示了最基本的主题，例如，道德、公平、自由、现实、宗教、思想、幸福、生活、死亡、权利、真相、信仰等。思考一下，这些主题怎么帮助你开展主题周活动。

一个时代是否可以被说成一个身份。例如，维多利亚时代，或者19世纪70年代？

- **生物**：在这里我们展开了一个有关自然属性和后天属性的争论。在我们的基因和身份之间有什么联系，作为独立的个体，你觉得自己到底是谁？

- **哲学**：围绕着主题，问一些有关“如果……怎么办”的问题。如果我的想法可以传达到别人的大脑里会怎么样？我的身份会消失吗？我还会是我吗？

格言

我的格言就是“一天一个问题，枯燥烦恼都远离”。

这些简短有力的话是鼓励学生提问、创建词汇库和锻炼创造力的最宝贵动力。

使用格言来鼓励学生们思考和讨论他们的想法，是一种非常有趣的方式。

- 向学生们展示一份格言清单，让他们讨论哪些是正确的，又或者是准确的，并且给这些格言是否充满智慧进行评分。总分有6分，1分表示不够智慧，6分则表示充满智慧。例如，一个班的学生可能认为“年轻人依靠希望生活，而老年人则依靠回忆生活”比“你不能教会一条老狗新的把戏”更智慧，也更准确。如果班上的学生们都同意这句话，那么可以问问他们为什么赞成，又为什么认为它是正确或者真实的。

- 让学生们更新一些旧的格言，以

教学小贴士

许多格言都是象征性的（虽然其中大多数在某个时代曾经是真实的）。帮助学生们梳理出格言中的真实含义，例如，“总是有很多种方法去给一只猫染色。”（总是会有很多种办法来解决问题。）

创意
39

进阶练习

向学生们询问六个至关重要的大问题（详见创意42“一堆问题”），更进一步探讨格言。例如，针对“知识就是力量”这句话，向学生们提出更深入的问题，我们能不能找到一些例子来支持这句话？力量在这里又是什么意思？指的是哪一种力量？我们能不能找到一些“知识不是力量”的例子？“知识会让人变得软弱吗”这句格言又是如何适用于科学、政治和生活的？

便更好地适应现在的生活。例如，将“不要去刺激黄蜂的巢”改成“不要在老师的休息时间去打扰”。

- 尽可能让学生们解释一些比较模糊的格言，例如，“越小的羊，哭声越大”。
- 将格言作为故事和写作的基础，“那些如此盲目的人，就和盲人一样。”
- 开展格言相关的讨论，“不知感恩的公共支出。”
- 让学生们围绕着“双关语”创造一些短篇小故事，例如，“你可以把灵车拖到水边，却不能让它沉下去。”

哪种问题

提问是一件很棒的事，代表着好奇和智慧。

将问题进行分类有助于学生们理解问题之间的千差万别，同时还可以证明，提出一些合理相关的问题的价值和有效性。

活动通常都是通过挖掘这些问题的含义开始的。学生们可以区别哪些种类的问题？为什么要提问？哪些问题是重要的？

- 在桌上放上五六个盒子。在学生们来之前，在盒的盖子上挖好放入纸条的小槽。告诉学生们，他们提出的问题可以是任何形式的。例如“3+3=？”，然后向学生们提问，“如果我们要把这个问题放到盒里，那么应该给盒子贴上什么标签呢”。每个标签都代表了一种类型，例如“简单的问题”“数学问题”“小问题”“只有一个正确答案的问题”“问题的答案就是事实，而不是假设的问题”。如

锦囊妙计 ★

让学生们根据下面的目录，尽可能提出一些有趣的问题：答案对于所有人都是正确的问题；答案会随着时间变化的问题；答案可以是某些人的想法，而且这些想法可以被算作这个问题的正确答案的问题；答案是让你想要不断对此提问的问题。

果你还有更多的时间，可以和学生们一同讨论哪个标签放在盒子上是最有用的。

- 向学生们展示一些其他类型的问题，以引出更多的目录。例如，英格兰的首都在哪里；你喜欢苹果吗；你真的开心吗；黄色是什么；你最喜欢的书是哪一本；等等。

- 给学生们一些时间进行讨论，他们准备怎么对这些问题进行分类，然后决定盒子上分别贴上哪些标签。让每个学生在纸上写出一个问题，这个问题需要被纳入尽可能多的目录里，然后将这个问题投入到适合的盒子中。

提问审查

不断地提出好的问题就像是在不断地学习。

在课堂上开展提问审查活动，在学生们的帮助下，将会极大地提升你在教授思维技能时所采用策略的有效性。

从本质上来说，一个提问审查可以很好地检验你和学生在一天里所提出问题的类型和频率。在课堂中有效提问一般包括以下特点：

- 掌握了程序性问题和学习性问题之间的平衡：程序性的问题都是课堂中一些纯粹的机械性的问题，例如“能给我一支笔吗”“我能去一下厕所吗”“你们的书都翻到了第83页吗”；学习型问题（来自教师或者学生）则直接与课程学习的内容相关。学习型的问题通常会寻求更为清晰或更有深度的知识，同时还会有效地协助学生们提出一些更深入的问题，例如，在创意34中提到的开放性问

教学小贴士

检查一下你用了多少反问句，尽可能减少使用。要避免使用以下用语：“你希望我在这里等一整天，你们才能安静吗”“在这个房间中，有多少人觉得自己的行为不合适”……反问句听起来会带有讽刺的意味，常常会让学生们觉得非常尴尬，从而阻碍了他们提出学习性问题的意愿。

题“为什么”。

- 教师自发的问题和学生们自发的问题：有些问题的目的在于挖掘学生是如何理解及在何种程度上理解一系列的概念。但是，这并不意味着不断地重复一些枯燥的事实，所以需要在适当的时候，让学生们用自己的话对一个概念进行解释。
- 一个大范围的开放性提问：哪儿，什么，谁，为什么，如何。
- 一些你和学生们对前面提出过的问题的疑问。

一堆问题

即使老师也参与了这些讨论，一开始的时候提出这么多的问题真的让我感觉很怪。她还告诉我们，其实她也不知道大多数问题的答案。

这个活动仅仅只有5~10分钟，它却引出了更深层次的讨论。

这个活动最直接的目的在于，将学生的行为从被动的聆听转变为积极的提问上。

- 每天都可以带一个物品到课堂上，向学生展示。例如，一个马克咖啡杯，让学生以此为中心在3分钟内进行提问，他们可以将问题尽可能按照自己喜欢的方式列出来。在有限的时间里，所有的问题都是可以接受的，但这些问题必须以咖啡杯为核心展开。

- 如果有可能，请记下所有的提问。让学生们对所提出的问题做记录。另外，也可以将整个环节录下来，还可以请一些愿意协助的人帮助记录。

教学小贴士

提醒学生们注意这样六个重要的问题：哪儿，什么时候，是什么，谁，为什么，怎样。另外，我还用了一个“问题之星”，一张非常大的、有着六个角、每个角都对着上面一个问题的海报。

进阶练习

对问题进行分析和分类。鼓励学生们对这些分类进行提问。尽可能使用一些"开放性问题"：那些在班里至少有一个人能回答的问题；那些需要进一步研究的问题；那些至少有一个答案的问题；那些一个回答就是一种想法的问题；那些答案很难被发现的问题。

锦囊妙计 ★

对答案进行研究讨论能够创造出一种令人愉快的氛围，非常有助于练习图书馆查找和ICT（将信息进行翻译整合）的技能。

- "一堆问题"的一个好处就是它可以避免学生们说，"我知道这听起来很蠢，但……"的趋势，因为即使是最基本、最单纯的问题，也是被大家所接受的。虽然他们有时候听起来让人觉得具有迷惑性——我们中有多少人知道马克杯为什么叫"马克"吗？或者，谁知道"咖啡"的名字从何而来？

情景写作

这是我知道的能令学生们最活跃的游戏之一。

这个游戏是在连线游戏的基础上，对词汇和写作方面运用的一种变形。我们不能直接帮助学生，但我们可以看见图形，为他们创造上下文情境。

使用一个比较模糊的句子作为这个游戏的开始，例如，“他们握了手，但只有巴克斯特在笑。”注意：像这样的一个句子被称为“艺术化模糊”，这样的句子，一边给出比较清晰的信息，另一边却又让你产生更多的疑问。

将这个句子展示给学生们。他们的第一个任务就是关注。当他们读到这个句子时，脑子里产生了哪些想象的内容（详见创意3、7、13~21）。你既可以选择在全班收集学生的想法，也可以让他们把自己“看到”的记录下来。

现在把学生分成几个小组，让每个

进阶练习

利用学生的回答来凸显推想和假设的思维技能。有多少学生认为巴克斯特是一个男人?

将开放式问题和封闭式问题"捆绑"在一起。将"巴克斯特当时穿的是什么"转变成一些封闭式问题(例如,"巴克斯特是不是穿着一件西服呢"),然后用抛硬币的方法来收集信息(详见创意77"抛硬币")。

将上下文情境作为故事展开的基础。让学生们多造一些句子。

小组想出10个问题。使用问题六角星(详见创意42"一堆问题")作为提示,将对学生们起到很好的激发作用。然后,收集一些问题,根据意识地图的四个主要因素,将它们贴到公告板上,以下是这四个主要因素:

1. 在能看到的范围里,将许多不同类型的问题张贴在不同的领域里。

2. 给不同种类的问题按照不同颜色进行分类(例如,"哪儿"的问题就用红色,"什么时候"的问题就用橙色)。

3. 高亮显示关键词。

4. 在不同种类的问题之间建立起具有逻辑性或者合理的连接。例如,学生们能不能为这两个人为什么握手以及之后可能发生的事情做出合理的联想呢?

20个问题

这个游戏更像是一个时间充实器，它真正做到了让学生们去思考他们所提出问题的价值。

“20个问题”中的游戏开展时间仅为5~10分钟，但你可以借助这个游戏进一步拓展这个活动，让它深入地挖掘相关性和敏锐性这两个概念，而这两点也正是衡量提问质量高低的重要标准。

大多数学生对这个游戏非常熟悉：

- 展示一幅网格图，让一个学生记住图中的一个动物名字，然后将名字写在小纸条上交给老师。其他学生来猜这个动物是什么。
- 其他学生通过提问来推测出这个动物是什么。
- 不允许学生们毫无根据地胡乱猜测。一个学生如果知道这个动物是什么，他需要说出理由。
- 猜到正确答案的学生可以选择下一个要猜的动物名字，以此来继续这个游戏。

进阶练习

通过将全班同学分成小组来进行比赛，获胜方将获得一定的奖励。

根据目前正在学习的主题、科目和学生的类型来使用一些主题网格（例如，创意80“故事的思维网格”）。让学生们分组来制作这样的网格表。

锦囊妙计

用词汇网格取代图片网格。鼓励学生们使用一些专业词汇，如名词、省略号、音节等。

创意坐标

大脑在思考的时候，也就是正在与我们对话的时候。

——柏拉图

这是一个基础游戏，主要注重于思维训练，也被称为“思维方式”。思维会潜在地从两方面进行，一方面是从模糊的、大概的角度，也称为“大方向思维”，另一方面从一些细节出发，我们称为“小方向思维”。

在黑板上画出两条线，形成一个直角，直角的角正对左下方。在垂直线上标记“小——大”，在横向的水平线上标记“特殊——普遍”。例如，一个很小很特殊的想法或者事实会很靠近左下方。现在和全班同学一起讨论下面的这些句子会位于哪个位置：

- 将一个生鸡蛋带壳放在水里。如果鸡蛋浮起来，就说明鸡蛋已经变质了。
- 12×12=144。
- 时间。
- 64路公交车穿过镇中心。
- 法国人民。
- 世界上有两种大象，非洲大象和印度大象。
- 一个人的名字。

教学小贴士

引入或者修改相似的坐标。让学生们在一张长方形的纸上画一个矩形，分别在水平线上标明A~Z和1~26，将矩形分成很多个小方格。让每一个学生都选择一种颜色，然后在方格子里填上颜色，并且不能让其他人看见。在班级里巡视，然后让学生们给他们选中的方格上色，并且说出方格的位置，让其他学生在同样的位置填入同样的颜色。

假装什么都不知道

这是个让人开心的游戏，我们不用一直去想“我们都学过什么”，这种感觉实在太棒了。

通过使用信息研究技能将创意42（“一堆问题”）和创意7（“词汇连接、词汇链和词汇网”）结合在一起。

让学生将注意力集中在教室的某个事物上，并且假装自己对此一无所知。创意42“一堆问题”的目的是通过头脑风暴让学生们在规定的时间里想出尽可能多的问题，而在这里则是要求尽可能地去找到问题的答案，并进一步深化主题，提出更多的问题和思考方向。

例如，如果你将注意力集中在窗户上，那么这个活动可以这样开展：

- 基本问题：“我想知道它为什么被叫作窗户？”
- 进一步的提问：“它和这个短语‘机会的窗户’有什么关系吗”；“一般的平玻璃总是被叫作窗格玻璃吗”；“‘窗格

教学小贴士

对于某些问题，给全班同学一些可能的答案，然后让他们讨论哪一个答案最有可能是正确的，为什么？

进阶练习

将全班分成若干研究小组，每个小组必须找到一些与问题中主题相关的事实或者内容，然后在课堂上做一个5分钟的报告。鼓励学生们使用各种不同形式的报告方式（例如，演讲、PPT、话剧、手工艺品等）。

玻璃’这个词从何而来”。

- 基本问题：“玻璃是什么做的”。
- 进一步的提问：“有没有什么东西是像玻璃这样自然产生的”；“是不是所有的窗户都是玻璃制作的”；“到底有多少种玻璃”；“我眼镜片和窗户玻璃是一回事吗”。

提问三步曲

这是一项被我称之为“有效提问”的策略。

一旦学生们学会了，他们就能将这项技能运用于学习的多个领域。

三步提问技巧：

1. 我们知道些什么？

2. 我们认为我们知道些什么？

3. 我们还需要知道些什么才能更加确定？

第一个问题的中心就在于，将注意力放在可以被直接观察到的事物上。第二个问题则关注于推理和猜测。而第三个问题则要求对相关事物进行更加细致深入的询问。我们将通过下面的一个例子更好地理解三步提问技巧：

那个夜晚一切看起来都显得很模糊，冰冷的空气闻起来就像是金属烧过后残留的烟味。透过薄薄的雾气，天空

进阶练习

建议使用图画（如创意13“第一印象”）和一系列相关事物（如创意57“侦探游戏”）继续深入地练习。

中的星星微弱地挂在空中。虽然还有两天才到11月5日，但已经有人在超市后面的公园里放起了烟花。

文章中有些内容是我们已经知道的：文字发生的日期是11月3日；天气是又黑又冷；在现场至少有一个人（叙述者）。我们知道的事情还包括：叙述者所在的位置离放烟花的地点不太远（因为不管他或她都看不到彼此）。故事发生的地点很可能是在一个小镇上（因为，你不大可能在乡下发现一家超市。而如果这是在大城市，即使是非常晴朗的夜晚，你也很难看到星星）。

盒子里的电脑

我喜欢这个游戏，但如果电脑真的能够回答我的问题，那就太棒了！

这个游戏的开展时间最少是20分钟，可以有效地帮助学生们根据问题的相关性、稳定性和信息收集的能力来对问题进行优先级排序。

将一个类似于平板电脑或者笔记本电脑大小的包裹放在桌上，并向全班同学宣布，这是一个超智能电脑，它可以回答任何的问题。让学生们（可以以个人的方式或小组的方式自由进行）写下四个或者五个最想知道的问题。

- 现在告诉学生们，这台超智能电脑就像那些怪脾气的教授一样，它不会回答那些已经有了答案的问题。所以，让学生们去掉这样的问题。

- 现在再告诉学生们，这台超智能电脑和人不一样：它只能处理那些非常清晰的问题。例如，“我怎么才能变得

教学小贴士

有些学生会觉得提一些已经知道答案的问题更有安全感。但是，这个活动的目的之一是让学生们了解对于问题答案的不确定性、模棱两可、不知道等都是学习中非常重要的方面。

进阶练习

将问题的挑选集中在目前正在学习的主题或领域内。和学生们一同开展“给专家的一封信”的活动，让学生们在信里向专家（在世或者已故的）就规定的主题提出三个问题。另外，可以提出这样的问题，如果向一名作家就其作品提出三个问题，那么会提什么问题呢?

有钱”，那么这个电脑就会问“‘变得’和‘有钱’是什么意思”。让学生们对他们的问题进行再次修正。

- 现在每个学生或小组都应该有一个高质量的问题列表。将这些问题贴在黑板上。如果问题实在是太多，可以让学生从中挑出他们最想问的，也可以重复进行筛选。

- 现在告诉学生们，超智能电脑一共只能回答三个问题，所以让学生们再次讨论到底要问哪三个问题。

VERV 策略

这个游戏让我们明白，在每一个成功的创意背后都有辛勤的努力。

VERV策略可以应用于任何一个项目，包括从学生们的第一个创意到完成整个过程。

这项策略最直接的目的就在于为思维提供一个更好的结构，有助于进一步明确各种想法的方向，并帮助这些想法最终达成预计的结果。VERV将人的情绪和思维技能很好地融合为一体：

想象力（Vision）：这个短语也被称为“梦想者”，在这里学生们可以肆意地放飞他们的想象。在这一点上，他们的想法能够不受任何的评论和分析影响，这是最为重要的；和到底能够有多少想法相比，“我们能够用这些想法做什么”这种随之而来的想法反而更重要；而头脑风暴则是成功培养想象力的前奏。

热情（Enthuse）：是在情感上驱动我

> **教学小贴士**
>
> 热情是可以传染的。你的热情全班的学生们都能够感受到。主动谈起一本书、一部电影或一项爱好，以此来铺垫整个基调。给学生们一定的时间来谈论他们的爱好和娱乐活动。使用一定的技能，如“在固定位置表达你的教学要求”（详见创意51）或者“知觉”（详见创意29），来帮助学生们感知热情。

进阶练习

你可以将VERV策略和一些小型的教学活动结合起来，如写作练习，也可以将它和更大的活动结合起来，如一场学校表演、一天的旅行、一个寄宿课程等。另外，VERV也可以是一场假设的活动，如“抛弃地球”（详见创意73）。

们完成一个项目的动力，由此而产生的激情、乐趣、好奇心和乐观精神都是促使我们最终走向成功的力量。

认识（Real）：意味着“梦想成真”。它将有意识地去了解和理解一个想法，然后这个想法才能经过思考和行动，最终真正将这个想法付诸实践，获得一定成果。这也意味着我们的想法向更加严密和分析型的思维转换。

验证（Verify）：涉及回顾和检查计划是否有效，或者是否还有其他需要完成的工作。另外，它也是一个项目中“我学到了什么”的验证阶段，提示我们关注在下一步的工作中需要加强的部分。

观察你的语言

语言是我们所拥有的世界上最强大的教学工具。每一个词都有它的意义。

由语言本身就可以衍生出非常多的活动，更为重要的是，它在课堂的互动中传达了我们的观点。

语言构成了我们的认知，而我们对世界的理解和表达方式会影响我们及学生的反映——这种观点让我们更有效地使用语言来帮助学生们学习。

注意以下这些限制模式：

毫无帮助的比喻："这真是一场艰苦的斗争"；"我碰壁了"；"我实在想不出来了"；"我动不了了"；"没用的"；"这事儿（我）没希望了（绝望了）"。干预并不是为了阻止学生们继续这种说法，而是让他们认识到比喻，并更积极地使用它。如果有的事情真的像登山一样难，那么当你最终登到山顶的时候，会是什么感觉呢！如果在你的道路上，真的有一座

教学小贴士

意识到教育中更多的普遍比喻：保持跟上，倒退，掉在后面，拉伸，拖，推，甚至是训练。这是一种常常用在"商业竞争"中的语言，当我们谈论一些目标或者描述"军队"的时候常会出现的语言——而这些词语则源自于描述罗马士兵，而不是现代人。

城墙，那么就让我们来看看这座墙（组成部分）到底是什么，而我们怎么做才能一次攀越过去。我知道的最让人丧气的一个说法是“写作障碍”，但为什么不叫作“作家的机会”或者“作家的游乐场”呢？如果你将它称为“障碍”，那么正如你所说，它真的就会成为“障碍”。

全部或零思维：注意一些有关“从没”和“总是”的说法，如“我没做对过”，“我总是陷入麻烦”。尝试着让学生想起一些并不是这样的情况。

标记：一个标签常常会将一个过程变成一个状态。学生们常常会给自己做一些标记——笨重的、动作慢的、蠢笨的，等等。再次说明，我们需要努力用一些反例来维持学生们对自我意识的平衡，正确地评价自己。

在固定位置表达你的教学要求

这是一种非常有效的课堂管理技能，并且它能够非常有效地将学生的注意力和思维集中起来。

“抛锚”这个词语在这种环境下常常用来描述你希望从学生们那里获得的某种反应，和你在自我控制下掌握的“开关”之间的联系。

因地制学是一项累积的技能，它将逐渐给学生们更多的机会，并让他们学会尽可能去控制他们的思维。

- 决定一些你希望学生们得到改善的行为。可以选择的行为包括：集中注意力，有关新想法的思维，询问一些相关问题，回顾和修改以前的一些作业，等等。

- 选择教室里一些特别的位置，你将站在那里开展那些希望学生们进行的活动。也可以在一个地方将几个行为活动结合起来。

- 当希望学生们进行一些相关行为

教学小贴士

创建一个“保持安静，继续你的工作”的位置，当你感到班级里实在是太吵了的时候，你将站在那里。你可以发现，你简单地向这个位置移动的过程，就会使学生们变得安静下来。

创意
51

锦囊妙计 ★

在固定位置表达你的教学要求已经在很多学校被使用。就像故事角：特定的时间和区域同快乐地听故事联系起来；还有当你想让学生们注意你，并且跟着你进行学习或参加活动，停止吵闹的时候，你会举起手来；另外，运动场上的铃声则将吸引学生们注意，将他们带回教室里，准备上课，这也是一种在固定位置表达教学要求的方式。

训练时，尽量养成自动站在特定的某个位置的习惯。做的时候尽量自然，不要告诉学生们你正在做什么。这是一项潜意识的技能：学生们会在你站的位置和行为之间建立起一种潜意识的联系。尽管如此，你必须对他们的行为做出非常清晰明确的要求。例如，你可以站在“集中注意力”的位置，然后说“好了，今天我们将开始一项新的主题。我希望你们能够集中注意力，并且好好想想我跟你们说的话”。

事实

我越来越喜欢问，“今天你们问的最棒的问题是什么？”

我们用来发展学生思维的课程中的事实材料，其实只是最原始的材料而已，但这些原始材料必须是有关联的，这样才有可能变成学生们思考和学习的想法。

以下提高策略有助于提高学生们将“事实材料”转变成“信息和想法”。

• 精确提问。以下问题将进一步询问更清晰的细节和解释。“（你的话）具体是什么意思”；“那件事到底是怎么发生的”；“你能不能进一步解释一下……”；“人们到底是怎么发现……”

• 根据以下这些内容，进一步检查信息：

这件事发生得真快。（它是不是已经被取代了？）

这件事到底有多“普遍”。（这样的事情是不是总是真的？）

教学小贴士

有规律地向学生们提出一些你希望他们去质疑的话题。例如，莎士比亚是英格兰最伟大的剧作家；第二次世界大战始于1939年，结束于1945年；氢是最简单的元素；傍晚有霞光，牧羊人就会高兴。早上有霞光，牧羊人就会烦恼。

进阶练习

进一步思考："水在100℃时就会沸腾"。我们可以让学生们将这句话写下来并记住。虽然这句话是对的，但质疑这项事实将有助于学生们去理解这项事实是正确的。

它从哪儿来。（为了精确，多检查一下材料的来源。）

它是怎么呈现的。（这种呈现有助于理解吗？）

事实是如何和想法关联起来的。（个人想法或者大众偏见。）

这个作者是否正在试图说服别人，还是说，他说的话不带偏见。（注意情绪化的语言或者缺少情绪化的语言。）

这些例子是否能够支持大众陈述。（同样地关注反例。）

我们不会总有充分的时间去帮助学生们质疑所有信息，但如果我们希望他们成长为独立且有创造性思维的人，那么我们必须常常给他们机会来挑战我们所告诉他们的那些事实。

理由

麦迪老师总是告诉我们，“理由”这个词意味着思考和“更合适”。当我和琳达发生争执时，这句话确实帮了我。

“理由”的概念，可以用于不同领域的教学。

教育学家约翰·雅培认为，越是小的学生越是拥有创造“各种理论”的神奇能力。当我们渐渐长大，对于世界的理论变得越来越复杂，也越来越世故时，我们有可能对各种教条主义不再怀疑，当然这也是一种潜在的危险。以下则是我们将“理由”融于教学的小创意：

- 让学生们去解释不同的现象。他们的解释可能非常的奇特,但也非常奇妙。我们可以提出以下这些问题：“太阳为什么升起，为什么落下”；“雷是什么”；“为什么你总是找不到彩虹的尾巴”；等等。

- 故事编排：向学生们解释，在大多数情况下，故事的安排都是有原因的，

进阶练习

让学生们观察家里的摆设或小动物和植物，然后分析一下，如何将他们的思维和五官的感受联系起来。可以将这个活动和创意81“发明的思维网格”结合使用。

而这个原因将使故事变得更加精彩。让学生们根据一定的逻辑来编排故事。这个活动可以应用在比较熟知的人物形象上，不过也需要适当地考虑学生们的词汇量。

- 向学生们提供一段故事的摘要，注意在准备这段摘要的时候，需要特意使用一些平淡无味的词语——换句话说，就是将这段摘要写得糟糕点，然后让学生们对这段摘要进行改进，并让他们解释为什么需要这样改。

- 探讨人物动机。为什么这个人物要以这样的方式来表现？在叙述性的文字中，有没有一些线索可以证明，或者说有没有什么证据可以支持我们的推测？

- 准备一首诗，然后和学生们一同讨论为什么作者要这样来布局。

理由的力量

这个活动有助于发展学生们的思考力，也让学生们有足够的时间认识到通过合理的理由来支持自己的想法和论点的重要性。

这个活动既可以作为课前5分钟的热身，也可以作为拓展项目的基础。

活动开始，在课堂上展示一种“特殊的情况”和一系列可以解释这种情况的原因。让学生们选出他们认为最有力的，或者最可信的理由，并解释为什么。并按照理由的强弱进行排序，展开讨论，鼓励学生们尽可能说明理由。例如：

情况：

我走在回家的路上，忽然发现路边有一个钱包。钱包里有50英镑，我决定把钱包留下来，因为……

理由：

- 不管是谁都会这样做的。
- 我们家很穷，真的很需要这笔钱。
- 我想给我最好的朋友买一个生日

教学小贴士

如果学生们已经知道类似“太阳为什么升起”这样问题的真实答案，那么就让他们想一下，有没有其他可以替换的有趣的答案。

进阶练习

对一个或者多个理由做一些细微的改变，让学生们想一下，这些理由是否会变得更具有说服力，或更不具有说服力，或者是没有变化。例如，将文中“我想给我最好的朋友买一个礼物”改成“我想给我最好的朋友买一个礼物，她在医院里病得很重”。

礼物。

- 如果有人对自己的财务那么不小心，那么丢了钱包是他活该。
- 这个钱包是皮的，说明它的主人非常有钱，根本不会在意这50英镑。
- 我想把钱捐给当地的慈善机构。
- 我外婆需要做手术，我想悄悄地用这笔钱给她看病。

金字塔策略

我喜欢这个金字塔创意，因为无论什么时候，只要我想，就能想象出这个形状。

可以用于学生们的叙述性写作和非虚拟性写作的训练，另外，它还可以促进学生们思维技能的发展。

金字塔的形状可以作为一种可视化的参照物，将事物从普通到特殊逐渐联系起来。另外，还可以根据文章的内容，强调文字的层次性。例如，一个故事的结构，或者一篇新闻报道，它们的内容都是以一定的内容为基础，一层一层向上搭建的。学生们可以使用金字塔作为写作练习的前期基础，在金字塔的每一层上都标明简单的写作内容，以此作为写作的指引。这种技巧可以帮助学生们更好地统筹他们的写作。例如，在创造性写作里，可以先列出广泛的主题，然后具体到人物的行为，最后具体到人物的对话。与此同时，还可以帮助学生们

进阶练习

这项金字塔策略甚至可以用来解释提问三步曲（详见创意47“提问三步曲”）。从上往下依次是：我知道些什么？——我觉得我知道些什么？——我还需要问一些什么问题来找出更多的答案并确认更多的内容？

一步步完成他们的写作任务。以下是一些如何在写作中展现金字塔结构的例子：

- 金字塔在故事编排中非常重要。从下往上，它们包括：叙述性成分（英雄、恶人、问题、旅途、伴侣、目标）；主题（故事背后想要表达的想法）；类型（虚幻的、恐怖的、浪漫的）；动机（这些则可能是人物、画面、对话、对象或者一些用来表现风格的内容）。

- 在报纸上也可以发现金字塔策略：从上往下依次是：头条→副标题（通过一两个句子概括这篇报道的性质）→主要观点（一段讲述故事要点的文字内容）→发展（对主要内容进行拓展的文字内容）→引用和意见→结论或者结尾。

观点

要想真正了解一个人，就必须站在他的立场来考虑问题。

能够从另一个角度来看待问题，是一种用途广泛且十分重要的思维技能。

和学生们一同开展下面的活动，描述不同的观点：

• 开展“当……的时候”游戏。从一个简单的句子开始，例如“约翰斯躺在沙发上”。接着说“当约翰斯躺在沙发上的时候，在同一层楼的邻居……”，然后让学生们接着说后面的内容。如果一个学生说，“邻居们正在争吵”，那么你就说，“当争吵还在继续的时候，外面的街道上……”然后，让学生们接着想会发生什么，每一次的故事接龙都离约翰斯越来越远。这个游戏可以帮助学生们对正在发生的事情形成一个统筹的观念。游戏结束之后，在黑板上画一些圆圈。

教学小贴士

“当……的时候”这个游戏可以帮助学生们以第三方的角度更灵活地写作。让一个学生写出“同时，50英里以外……”后面的内容，必须运用想象力。没有经过训练的学生很有可能在任何故事中都使用相同的思维方式——如果中心人物是约翰斯，那么约翰斯则会贯穿在所有的内容中，即使学生们已经使用了第三人称来进行写作。

每一个圆都代表了这个游戏的一个阶段。约翰斯在最小的那个圆圈里，争吵则在外面的那个圆圈里，以此类推。学生们复制了这些对话，并在每一个圆圈里增加了新的内容。

- 在学完一部作品后，让学生们选择一个人物，从这个人物的角度重新来写一个场景。

- 在进行辩论分组的时候，让学生们自由选择，并说出选择的理由，最后互换观点进行辩论。

- 开展“辩论大道”的游戏。确定一个话题，然后清楚地向学生说明辩论的正方和反方内容。将全班同学分成两组，分别面对面地站成两条线（正方一条，反正一条），在两组之间形成了一条大道，称为“辩论大道”。当正反两方在不断重复他们的论点时，邀请其他的同学从这条大道走过（以一种礼貌的方式）。

侦探游戏

这个游戏真的让学生变得很活跃——开始去观察、提问和思考。

虽然这个游戏开展的时间仅为10分钟，但它能够对这本书中所有提到过的技巧起到巩固的作用。

在黑板上列出一些可以暗示（但不要特别明显）一天内事件的线索。例如：

- 厨房里的扇形窗一直开着。
- 以前在工作台上的茶巾现在在地板上了。
- 盘子里空了。
- 靠近盘子旁边的工作台上有一些油迹。
- 你在叫家里小猫的名字时，它没出现。

让学生们来想想最有可能发生的事情。大多数的人肯定会说，小猫偷吃食物时打翻了盘子，茶巾掉到了地上，它吃了盘子里的肉，最后从厨房的窗户逃

教学小贴士

根据故事发生的可能性，给故事进行等级区分，这样做可以帮助学生们在精神上对思维进行更好的控制，这也同样有益于他们天马行空的畅想。

进阶练习

在活动中使用“提问三步曲技能”（详见创意47）。大多数的学生都会假设盘子里是有食物的，而桌子上的残渣也来自这些食物，而这只猫则来自厨房等。让每个学生写下他们认为属于这个有猫的房间的东西，或与房间相关的信息。每一次都随机选择一个学生写下的内容，然后将这个内容加入之前的信息中，看看学生们对这整个故事的设计有没有什么改变。

走了。

接下来，在黑板上画出一些直线，在直线上从一到六做六个标记。告诉学生们，小猫的故事只能排在一的位置，因为它实在是太平淡无奇了。让学生们想想什么样的故事，可以放在二的位置——可能有些非同寻常的事情发生。每隔几分钟，就让学生们思考下一个标记可能发生的故事。接下来，对学生们说“谁能想出一个浪漫的位于标记三的故事呢”？

思维连接

将不同的事物联系起来，并从不同的角度来分析和处理，这是思维的基础。

任何可以激励学生们进行思维联系的活动，都可以强化思考问题的创造力、分析力。

以下是一些可以帮助学生们进行思维连接的活动：

• 将全班分成几个小组，并给每个小组一张大纸。要求每组在纸的中间写上一个相同的词，例如“蓝色”，然后在纸张的四个角分别写上其他四个词。例如，写上“太阳”“混凝土”“婶婶”“时间”等。学生们需要在中心词汇和边上的词汇之间建立合理的联系。例如，第一个相对而言会容易一些，你可以说蓝色—天空—太阳。最后是一个抽象的概念，则会难一点，蓝色—心情—厌烦—没有尽头—时间。让学生们将词汇进行联系，并在各个小组之间进行比赛。

教学小贴士

比喻是一个非常丰富的关联资源库。注意当我们在谈论“智慧”（聪明“brilliant”，聪慧“bright”，灵光“shine”）的时候，是如何将其与“光”联系起来的。当我们在谈论“时间”的时候，又是如何将它与“空间”联系起来的（不久以前“long ago”，遥远的将来“distant future”）。

进阶练习

研究一组英文单词的词源分类。例如，“文章”（text）“文字内容”（context）“借口”（pretext）“质地”（texture）以及“纺织品”（textiles）都是来自拉丁语中的“texere”，这个词的原意为“摆动”（weavie）。让学生们思考一下，“摆动”这个词是如何应用在这些衍生词上的。

- 将上面的游戏作为故事写作中人物和情节塑造的编辑工具。让学生们自由写出人物的名字、一个目标和一件偶发的事情，然后通过这些联系整理出一个更加清晰明朗的故事。

- 向学生们展示一些数列、词组或一些图形，然后让学生们来思考这些到底是怎么排列的，下面一个又应该是什么。

- 将数字练习作为开始上课前的热身活动。例如，在黑板上写下一些城市的名字，然后让学生们估计一下从学校到那些城市的距离。

- 注意广告是如何使用语言将产品和目标观众联系起来的。

种子思想

如果富有逻辑性、有意识的思维就像手掌一样大，那么我们的潜意识创造性思维就像教室这么大。

创造性思维发展最佳的时期是我们不再关注它，让它自由发挥的时候，也称为“意识的背后”。

以下是一些有助于探索创造性潜意识的技能：

• 活动开展前，先向全班同学介绍“种子思维”的含义。下面是一个围绕如何发展更多创意的例子。你可以让学生以一个常见的物体或短语，或一幅画为例，让他们从这些东西中获得灵感（在一些看起来毫无关联的东西中，找到联系，并迸发灵感）。例如，可以向他们展示一个椭圆形计时器，你希望他们能够以这个计时器为基础创造出一个故事，第二天课堂上需要把故事写出来。经过提醒学生们脑子里所想到的会比刚开始的时候多得多。在第二天的课堂上，可

教学小贴士

对于这个活动而言，一个非常清晰的目的对于这个技巧能否起到作用是至关重要的。而“当……的时候”则是一个非常有力量的句子，它是作为对成功的一种假定出现的，所以学生们会在潜意识里，涌出一些想法，对你的提议进行参与和反馈。

以再次展示计时器，让他们写下所有想到的故事。

- 将“白日梦”纳入教学日程之一。首先，决定白日梦的目的是什么——为了创作一个故事，解决一个问题或者修改一个主题。然后，列出一个可以作为提示的清单，在清单上写下十项可以作为参考的词语或者行为。让学生们静下心来，深呼吸。最后，你开始大声读出清单上的词语，每个词语间隔15秒（如果是修改文稿，可以从相关的网页上选择一些关键词，而学生们也可以看到这个网页）。在读完最后一个词后，让学生们静静写下他们的思绪。

可能这只手

“可能这只手”（the maybe hand）让我有了更多的想法，而且不用担心哪一个是正确的。

这个简单的技能让学生们能够从视觉和触觉的角度理解什么是“推理在精神上的结构化”。

如果已经进行了创意13“第一印象”中的活动（学生们在这个活动中学会对一个特定的场景进行推理），那么他们已经学会了使用“可能”这个词语：“他可能是个小偷（这个人独自走在一条小路上）”；“可能有人正在跟踪他”；“他的包里可能有珠宝”。

• 让学生们伸出手，手掌朝上，通过这个动作来给他们的推测增强正式的感觉。在开始前，应该先给学生们做一下示范，并告诉他们推理的画面已在他们的手掌中。例如，那个男人可能是谁。可以说，“好的，所以，那个人可能是个小偷……”然后，将你的大拇指朝向这

进阶练习

这个技巧也可以用于其他主题的训练。例如，开展一个实验，将一块单晶糖放在热水里。对学生们说，“使用‘可能这只手’，来‘想想’这块单晶糖可能会有什么变化？”学生们的回答可能是：可能……水的温度；可能……晶体的大小；可能……水的波纹；可能……晶体在水的时间；可能……其他的液体或者物体放在水里。

个想法（你的手掌）。接着有了第二个想法的时候，食指也指向手掌，以此类推。

- 在活动中，任何一个学生都可以说出自己的想法：推理的意义就在于提供各种各样的想法，而不是评论这些想法是否正确。一旦学生们明白了这一点，就会涌现出越来越多的想法——你那时可能会需要两只手（还有可能需要其他学生的手来协助）。当你至少有一只手的五个手指都指向掌心的时候，你可以说，“现在看看我们找到了什么，满满的宝藏。”

- 这个技能从多方面而不是单方面训练了学生们的思维技能。手掌的掌心就好像是思维的核心，而大拇指和其他的手指则代表了五种可能性，这些都可以再慢慢研究。

“为什么”游戏

当学生们开始自己提出问题的时候，我知道思维技能训练已经开始工作了。

提出“为什么”只和自信有关。

当学生们受到一些负面评价或者不知道问题的答案的时候，常常会认为自己很“笨”，而这恰恰是他们应该面对的，应该自信地说出自己的想法，不管知道与否。我们应该让学生们坦然地说出“我不知道，但我们怎么才能知道呢”这样的话。而这就是说，学生们需要知道如何正确提问。从外部来强调“淘气”的问题是很难被接受的，而问题应该具有相关性和合理性。

故事设定一些学习情境，鼓励学生们提出问题，例如：

• 当学习一篇小说的时候，你特意带进作者的意图，向学生们提问。为什么

教学小贴士

利用这个游戏让学生们了解，有的问题只有一个正确答案，有的却有很多，还有很多问题可能有答案，但我们还不知道。还有一些问题可能根本就没有答案。

作者要选择这个词或这个比喻呢？为什么这个人物要这样做，而不那样做呢？

• 关注一下杂志和非虚幻类的书籍是如何设计的。为什么图片是这样的大小？为什么编辑选择这样的颜色做标题？

• 在科学课里，与其一直告诉学生们各种事实，不如抓住机会向他们演示，或者解释一些现象，让他们来得出结果。

• 将“为什么”的问题作为研究任务：为什么其他灵长类动物比人类的毛发多？为什么伦敦是英格兰的首都？为什么撒哈拉沙漠还在不断扩大？为什么猫有胡子？为什么罗马有那么多条路？

人格化

这项思维技能将帮助学生们对抽象的概念获得实际的理解。

“人格化”是我们将人的特质（如感觉和想法），投注到具体的事物上的一种想象力。另外，它也是一种通过想象力来对事物进行认定的过程——“变成”它，那么我就能够从另一个角度来看这个世界。

人格化可以让那些喜欢通过触觉学习（更趋于通过动作学习的思考者，详见创意17“身临其境”）的学生们学到更多的东西。我曾经观察过一堂科学课，在这堂课上，学生们被带到了大厅，老师鼓励他们分成小组，手牵着手，想象自己是淀粉分子，在一起跳舞。然后，有其他的同学参与进来，将这些小组打散，他们扮演的是酵素。我对这堂观摩课记忆深刻，我敢说那些参与过这堂课的学生们也不会忘记。

下面是一些如何将人格化带入课堂

进阶练习

和学生们一起阅读一些传说和神话故事，告诉学生们故事中的神灵常常是自然进程和人类属性的拟人化表现（例如，金星之神，就代表着战争）。让学生们想象这些神灵的样子，并做解释，在细节上，他们想象的这些神灵的外表是如何和他们的本质（如战神的样子和战争）联系起来的。

的小建议：

- 让我们先从情绪开始，例如，恐惧。如果“恐惧”是一个人，那么他看起来会是什么样子的？如果感觉变成一种动物，那么这个动物看起来会是什么样子？他们又会有什么动作呢？
- 和学生们一起对各种自然现象进行人格化。例如，降雨周期，月亮围绕地球的自转，地球围绕太阳的自转，或者从简单生物到更复杂生物的进化。
- 通过一些具体的物质来将想法拟人化，这些物体包括钻石、火、水和木头。在说话和行动的时候，假装你就是这些物体。你的优点和弱点又是什么？这个时候世界对你来说，又是什么样子的？你对其他的物质和力量又会做出什么反应呢？

解决它

我们不能用创造一个问题时的思维来解决这个问题。

——阿尔伯特·爱因斯坦

解决问题型任务，可以帮助学生们巩固思维技能，将思维中的创造性和批判性结合起来。此外，有助于团队学习，帮助学生们建立自信，并秉持“我能够做到”的信心。

下面是一些在开展问题解决型活动时非常普遍的策略：

1. 清晰地定义问题。尽量将它们分解成很多独立、小的且可以被解决的问题。

2. 想象一下结果是什么。一个成功的结果看起来会是什么样的，感觉又是什么样的呢？

3. 目标导向。保持一个清晰的意图，问题会被成功解决。

4. 进行策略性的思考。考虑一系列可以解决这个问题的方法。有时候，它同样也意味着思维“跨越这堵墙”。

5. 关注自己的想法：暗示、观点、

进阶练习

将问题解决策略和揭秘技能（详见创意90）结合起来。让学生们将信息写在一张纸上，然后重新思考和安排一个合理解决问题的办法。

知觉。有时候最小的、最不被注意的想法可能把事情引向成功。

6. 应用VERV策略（详见创意49）。

下面是一些可以和学生们一同实施的活动。将全班同学分成几个小组，并让他们将刚刚学过的策略应用到任务中。对于每一个问题，都可能有不止一个的解决办法：

- 一个超市连锁机构希望今年可以增加10%的销售额。你能想出什么办法吗？
- 你所在区域的警察希望减少当地的盗贼。你有什么好的建议吗？
- 学校的图书管理员希望可以让更多的人来图书馆。你有什么好的办法吗？
- 我的猫一直都喜欢抓家具，但我又不想把它扔掉，你有什么办法吗？

关于思维的思考

我从来没想过，自己竟然有这么多种不同的思维方式。

发展思维技能中很重要的一个方面是，发展思维本身就是对于思维进程的一种反应。利用比喻法则可以让学生们对思维的各种过程有一个更加深刻的理解。

现在很多学校对于爱德华·德·波诺的六色思维非常推崇：信息、思考、判断、感觉、创造力、获益。这种模式强调了意识可以有各种各样的思维方式，而人类的想法是和大脑相关联，并通过感觉而互相影响。我们在本书的其他篇章介绍了一些思维的类型，例如，在创意9“关注你的想法”中介绍了自我检视法（元认知），每个人都有能力去关注和控制自己的想法。同时，我们也注意到比喻在帮助进行有效思维方面所起到的巨大作用，这一点在创意2“思维就像是……”和创意50“观察你的语言”中也得到了体现。

进阶练习

学生们能够分辨的其他类型的思维还有哪些？而这些思维又是如何解决那些被称为“拼图思维”的问题的？在推理方面我们又能用到哪些比喻？而“搭扣思维又是如何工作的？”（搭扣思维是一种能够将各种想法轻易连接，又可以轻松分解的思维方法。）如果一个学生充满了焦虑，那么我们是否有办法能够缓解他的这种焦虑呢？

你能够帮助学生们通过使用各种不同的方法来创造名字，让他们更多地认识到意识是如何工作，又是如何同感觉相关联的。例如，有时候，会发现有的学生很难专注于一件事，他们的思维是不断地从这里跳到那里。那么，使用“蝴蝶思维”这个名字对他们而言，会比认识到自己难以集中注意力这件事更容易接受且有效。当那些比喻能够得到更多正面积极的解释时，也就能更加有效地帮助学生们辨别和确认这种思维。如果学生认识到自己的思维是“随机变化”的，那么让他们将自己想象成太阳下的一只蝴蝶，注意这个时候他们的感觉会有什么变化。

属性归类

有时候发现我们的想法并不完全由自己做主，会觉得有点恐怖，但实际上这些想法确实是我们自己决定的！

“属性归类”是将事物的特质、特征和事物进行联系的过程。

理想状态下的“属性归类”应该是在有意识的情况下完成的，但人们的反应常常是在对属性已经有了“预归类”的情况下就接受了这种归类，而没有对归类的过程进行考虑。

- 通过向全班同学展示一件非常熟悉的事物，例如铅笔属性归类，作为思维技能的一种引入。让学生们帮你将铅笔的各种特质和特征进行列表——开始时可以使用一些简单的形容词（长长的、细细的、木头的、普通的、有用的等）。

- 对不同工作所需要的不同的必备特质进行讨论。例如，一名成功的运动员、医生、农场主或者教师所必备的特

教学小贴士

当学生们正在学习如何将属性归类视为一种思维方式的时候，向学生们指出属性归类和关联并不同（详见创意7“词语连接、词汇链和词汇网”）。例如，当杰米一直在我的书上乱写的时候，我可以将铅笔和事件关联起来，但乱写并不是铅笔本身的一个属性。

进阶练习

向学生们展示一行文字，“我的 猫 淘气”（My Cat Scamp）。让学生们根据词汇本身，对最有代表性特质的词汇，到最普通特质的词汇顺序重新进行排列。所以，这个任务的答案可以是：淘气、花斑、猫、家庭宠物、猫科、哺乳动物、生物。

质是什么。

- 将特质和固定思维结合起来。向学生们展示一些固定角色的图片，例如，电影里或者漫画里。学生们当场的反应是什么？现在梳理一下这些人物的特征，思考一下这些特征所带来的下意识反应。
- 使用属性归类的方法来判断事物的相关优势和劣势。例如，平装书和一本电子读物的特质分别是什么？它们对于学生而言分别有哪些优点和缺点？

个人胸牌

巴克先生告诉我们，在胸牌上一直“保持微笑”，也就意味着“永远微笑”！

制作一张个人胸牌，将学生们的积极表现反映在上面：它可以帮助学生们更好地明确自己的目标，欣赏自己的成就。同时，作为一种对个人素质、信仰和价值观的一种提醒。

通过寻找你所在学校或其他学校的校徽（在搜索引擎中输入“学校校徽”这个关键词，就会有许多的范例出现）来开展这项活动。讨论校徽上各种各样的图案和标记的位置代表的含义。注意现在只是要求学生们对这些进行猜想和推测。如果时间允许，向学生们展示一些传统的纹形符号，以及这些是如何表现品质、信仰和价值的。

- 让学生们去思考自己的个人特质。告诉他们将这些列出来，这并不是为了炫耀卖弄，更多的是自尊和自重。例如，如果我是一个有耐心的人，这则是一件

教学小贴士

有些学生可能会对发现自己的优点非常苦恼，无论是何种原因。对待这些学生，需要非常温柔且有耐心，并帮助他们对稍后写出来的特质进行整合。如果这些努力都不太成功，可以和他们谈一谈，对于他们希望成为怎样的人进行讨论。

值得高兴的事。

- 现在让学生们回答，有什么物品、动物或植物能够代表自身的特质。思考一下学生们胸牌的整体形状或样式。一个胸牌的形状意味着什么或又代表着什么呢？一个圆圈或者星形又代表着这个人的什么特质呢？

- 让学生们将他们想到的主题画到胸牌上（这个时候可以使用剪贴画）。最后，让每一个学生都想一句格言，能够集中所有最重要的特质——任何语言都可以，当然如果能使用拉丁语那就完美了。

相似和不同

我的朋友纳西姆说，大家都在一条船上，但没有任何一个人是一样的，所以大家都是对的。

比较（Comparing）和对比（Contrasting）都结合了很多其他的思维技能，包括联合、属性、分类和产生。

比较和对比是用来帮助学生提升训练思维技能的万能策略。当你教年龄偏小的学生的时候，这个策略相对简单，但对于年龄较大的学生而言，会带来更多且更复杂的思考。同时，还可以结合其他各种关键思维技能进行训练。

- 这项策略中最简单的一个活动就是，向学生们展示两只动物（例如，一只猫和一只狗），让学生们说说它们之间的相同和不同之处。即使是在这项最基本的活动中，你也可以向学生引入一些动物分类方面的关键词汇（例如，脊椎类、非脊椎类、爬虫类、哺乳类、犬科、猫科）。
- 逐渐增加可以进行比较和对比的

进阶练习

将相似性和不同性的概念与“你是愿意做……还是做……”的活动结合起来，向学生们提问。例如，“你是愿意做一只小鸟，还是一朵云彩”；“你是愿意做一列火车，还是一艘小船”。这个活动常常作为一种技能学习游戏，可以促进学生哲学思维方面的发展。

事物的数量。例如，向学生们展示很多的树叶，让他们说出为什么觉得它们是树叶——它们都有什么特征？然后，再来研究大小、形状、颜色和质地。注意，这些分类同样也适用于其他事物。

• 将注意力集中在感觉上。幸福和快乐有什么相似点？或有什么区别？

• 使用直接比喻的方式，指出事物之间的相似处。例如，像……一样红，像……一样敏捷，像……一样勤勉，等等。

• 让学生找一个伙伴，然后对彼此的优点进行比较。这个活动还可以作为讨论个人化和独特性的基础进行开展。

内在思维

通过不同的角度来看待事物，也对老师进行了检测。

这个活动促进学生们的发展更加多样、灵活且更深刻思维方式，问题多数时候并不只有一个简单明确的答案。

“外在思维”是一项常常用来测试学生们知识水平的练习。“内在思维”则通过鼓励学生们进行更多的思考，而不是被动地接受事实，以发展自身创造性思维。下面是如何开展“内在思维”活动的例子：

• 向学生们展示一个列表，表上有人物、动物、植物，向学生们提出一个标准问题：“哪一个是最格格不入的，并说明原因。”例如，玫瑰、郁金香、水仙花、马头毒草、千里花草、矢车菊。正确的答案是千里花草，因为它是一种野草（矢车菊是一种正面临灭绝的品种，作为花园里装饰用的花的品种）。

教学小贴士

对于年龄偏小的学生，使用图片和文字结合的列表方式。鼓励他们从形状、颜色、数量（如花瓣数）和其他的特征上来区别。这个游戏是教给学生们一些新的词汇和有关这些事物知识最好的机会。

创意
68

进阶练习

这个活动可以作为进一步开展探讨活动的热身，我们还可以继续探讨这样的问题："我们是怎么知道花是什么样子的？"通过寻找错误项来验证每一个想法是否正确。例如，如果有学生说"花都有花瓣"，那么可以在全班开展一项小型研讨活动，看看有没有花是没有花瓣的。

- 现在将全班同学分成几个小组展开讨论。个人原因和主观原因都可以，如学生们可以说，"马头毒草，因为我从来就没听过这种植物。"
- 将所有花的名字列出来，然后将学生们的理由分别列在每一种花的下面。让学生们进一步思考，这些理由中哪些最具说服力，哪些更正确。

推理

通过这个活动学生们会了解到，所获得的信息越多，思维基础就越坚实。

推理练习将有助于减少学生们在判断方面的草率行为，以及减少在没有根据的情况下得出结论的可能性。

通过和学生们开展“寻找线索”这个游戏，向学生们介绍推理的概念。

1. 首先选择一个“可以被观察到的现象”。例如，无论达伦什么时候去拜访他的朋友托尼，他都会打喷嚏。

2. 根据上面的想法，提供一些信息。有些信息会直接解释达伦打喷嚏的原因，其他则是一些与事实无关的内容。依据学生们筛选信息所需要的时间，尽可能准备一些你喜欢的线索，例如：

- 托尼的妈妈喜欢使用一些味道比较浓郁的香水。
- 托尼很少打扫卫生，或者清扫他的房间。

教学小贴士

“推理”这个词最初来源于希腊语中“基础”一词。一个推论常常有一些证据和理由来支持，而这些证据和理由通常情形下可以为更进一步的调查研究提供方向，所以它也可以被称为“教育性猜测”。

进阶练习

如果有时间，可以准备更多的数据或信息以应对学生可能有的反应。当学生在提出某些问题后，向他们提供这些信息，学生们会因为找到了真正原因而产生成就感。

- 托尼的父亲种了一些山茶花。
- 安妮塔的朋友有一只叫芬奇的狗。
- 托尼的房间里有一部37寸的彩电。

3. 让学生们快速浏览，找出可能造成托尼打喷嚏的原因，并写在纸上。

4. 现在问问学生们，如何验证这些可能的真实性，是否还有其他的想法，或者他们是否有其他的问题想问，又或者他们是否能够做更深入的试验来缩小达伦打喷嚏的原因范围？

接下来是什么

达罗老师总是说，将已知的、猜测的和努力想要解决的结合在一起，这就是预测。

预测可以说是一项万能的思维技能，能够与回忆、模式识别、优先选择、推测和原因结合在一起开展活动。具体开展的预测活动可以根据任务的复杂性、多样性来进行适当调整，最终应运于多个不同的领域。

最简单的预测活动，要求学生们记忆一些简单的数列。例如，“a–b–c–d–?–?”或者“3–6–9–12–?–?”。另外，还可以在数列中增加一定难度的练习，例如，“a–b–d–g–k–p”或者“3–6–10–15–21”，等等。

- 向学生们展示数列中间一部分，让他们思考前面和后面是什么，来增加这项活动的难度，例如，“–?–?–?–D–E–F–?–?”
- 在两个概念之间建立一种“类推”的概念，有时候是同一种句子的结构，有的时候是同一种模式的反应。例如，

教学小贴士

一旦学生们熟悉了这些练习活动，他们就能够给彼此创造出富有创造力的练习。

进阶练习

给学生们读故事，读到一半的时候停下来，让他们来想一下接下来可能发生什么。预测一下电脑在50年后会是什么样子，等等。

“如果Z=26，那么A=？”。另外，还可以更进一步增加难度，例如“蜘蛛之于飞行，正如猫咪之于？”；“6月之于7月正如？之于5月”；“轻声细语对大喊大叫，就好像走路对？”。

- 使用寻找原因的方法来找出问题的解决办法。设立一些简单的情景，在这些情景里，学生们必须预测哪些项目是和哪些人匹配的。例如，如果这些项目是日记、剃须刀、针织包、巧克力、锯子、葡萄、钓鱼竿。请将下面的这些人物描述和上面提到的物品联系起来：

——布朗先生，有一撇小胡子，很喜欢木工活。

——布朗太太，生病了，常常需要卧床休息，但可以靠在床上，使用双手。

——吉姆·布朗，有一个干净的下巴，而且不喜欢户外活动。

——玛丽·布朗，刚刚12岁，喜欢英语，并且有一口好牙。

很久以前

这个游戏真的很有趣，就像登上了时光机器，回到了从前！

只需要几分钟的时间，学生们就能学会这个简单的技能，可以作为创造性写作的准备工具，充分地反映事情发生的原因、影响和最终结果，为学生们建立了一种精神上的思维机制。

与“幸运的”“不幸的”“因为”“如果”“然后”这些词一样，“以前”也可以作为一个连词，帮助学生们将各种想法联系起来。这个游戏的主要目的在于，鼓励学生们开展与时间逻辑有关的练习。

使用一个模糊的句子作为游戏的开始。例如，“约翰斯懒懒地躺在沙发上”，这个句子也在本书的其他创意中使用过。告诉学生们，你希望知道一些有关约翰斯的想法，以及一些和约翰斯有关的人和事。开始的时候，可以这样说：

老师：在约翰斯躺在沙发上之前……

学生：他刚刚结束工作，回到家。

老师：在他结束工作回家之前……

进阶练习

定期开展这个活动可以帮助学生们养成行动前进行思考的好习惯。让学生们回忆以前的一件事，然后给他们足够的时间进行思考。如果回到那个时候，他们是否还有其他的方法来处理这件事，而那样可能会有其他的结果吗？使用“可能这只手”（创意60）来思考其他可以替换的情景。

锦囊妙计 ★

将这个游戏和陈述性的故事线索结合起来，设计一些新的故事，或者是其他形式的拓展写作。在一大张纸上画上一条线。当有关故事或者其他写作的想法出现的时候，将他们记录在即时贴上，然后贴在你觉得他们可能发生的时间点上。而当你有了新的想法时，这些即时贴的顺序也可以轻易地被调整。

学生：他去了超市。

通常情况下，学生们给的句子要比你说过的短。那么你可以将“时间范围”推到更久之前：

老师：在约翰斯和他的朋友谈话的前一周……

学生：约翰斯开始了他的新工作。

老师：而在约翰斯开始他的新工作的前两个月……

学生：他失业了。

在出现这些连词提醒学生们的同时，你需要让他们产生一些想法。这会让游戏保持一定的趣味性，因为没有人能够预知这个故事到底会怎么发展。

“幸运的和不幸的”游戏

这个游戏是我知道的可以最快促进正面思维的方式之一。

这个活动所需时间非常短，可以用于故事构思、后期的讨论和辩论中拓展思路，它还有助于发展人们对负面思想的控制力。

这个活动可以先通过一个模糊的句子开始，例如，句子里提供了一些信息，但这个句子又保留一些疑问。例如，约翰斯的那个例子，“约翰斯懒懒地躺在沙发上”。这个游戏的目的和优势就在于可以让学生们的思维在可能的积极结论和负面结论之间进行转换，发展一种从两个不同的角度看事物的能力。

告诉学生们，你将在句子的后面加上“幸运的是”，让他们接着写出后面的句子。

老师：约翰斯懒懒地躺在沙发上，幸运的是……

学生们：他很快就进入了梦乡。

在句末加一句“不幸的是”，并要

教学小贴士

如果长期拥有一些负面的想法，最终我们的知觉会自动形成一种毫无帮助的“知觉滤网”，通过这个滤网会潜意识自动地将世界看成负面的。但是，学习平衡积极与消极的观点则会产生一种精神上更为客观的见解，并最终赋予我们决定“幸运的”或“不幸的”人生观点。从这个角度来看，这个游戏还为学生（或老师）提供了一种“每一片乌云背后都有一线阳光”的思维方式。

进阶练习

在这个游戏结束后，使用“可能这只手”（详见创意60）来思考一些其他的幸运或者不幸的可能。

通过“提问三步曲”（详见创意47）来分析这些信息——我们知道些什么？我们认为自己知道些什么（推理和假设）？我们还需要知道些什么？

使用这个游戏来“开展”讨论活动，并就一个热门话题，如“政府声明将建造三座核电站”，来进行正反讨论。

求一个“不幸的”结果：

老师：约翰斯正睡在沙发上，但不幸的是……

学生们：沙发被没熄灭的香烟给点着了！

继续在这个句子后面增加“幸运的”是或“不幸的”，给出新的设想，直到你觉得这个这个游戏可以结束了：

老师：约翰斯的沙发着火了，但幸运的是……

学生：约翰斯闻到了烟味，醒了过来。

老师：他醒了，但不幸的是……

学生：烟太浓了，他找不到出口。

老师：他找不到出口，但幸运的是……

学生：他的邻居也闻到了烟味，并打开了约翰斯家的门。

向上面这样，这个游戏可以一直进行下去。可以给这个游戏设定一个时间，也可以在学生们穷思竭虑的时候结束这个游戏。

有规律地开展这个游戏能够让学生们更多掌控他们的思维，对那些总是持消极态度的学生非常有益。

抛弃地球

真的让人很兴奋，我们所有人都参与其中。

这是一个将很多创意和技能都结合在一起的仿真游戏。既可以是一个简单的一次性活动，也可以是一系列持续几周的活动。

让学生们想象一下（随便什么原因），地球很快就会变成一个不适合人类居住的地方，为了将所有的人都救出去，很多疏散逃离计划都在准备过程中。

• 将全班分成几个小组，每个小组都会负责一项逃离计划——决定哪些人或者哪些东西应该给予上船的优先权。不同的项目将负责不同的主题，例如，动物主题、食品物资主题、文化主题、设备杂物主题，以及机器主题。

• 如果你希望这个活动开展得简单一点，不需要这么细致，那么可以告诉学生们，每个人只能带十样东西上船，那么他们会带些什么，为什么？另外，讨论还可以围绕着价值、共同利益以及疏散人员等展开。

教学小贴士

学生们常常希望对某些不具有实际意义的问题进行深入探讨。例如，一个种子银行是不是比一堆艺术收藏品更有价值。讨论常常会陷入白热化的状态，而学生们的价值观也常常会有激烈的碰撞。非常重要的一点是，学生们需要能够证明他们意见的合理性。

创意
74

“因为”游戏

我们无论什么时候用到它，都要在它的后面加上一个原因。

这个游戏可以作为故事写作的编辑工具，有助于学生们发展逻辑性辩论的能力。

还是用一个比较模糊的句子作为游戏的开始（详见创意72“幸运的和不幸的”游戏）。这一次我们用：“他们握了手，但只有巴克斯特在笑”做例子。

- 告诉学生们，你将在句子的末尾加上“因为”，然后，他们需要想出一个理由来解释为什么只有巴克斯特在笑。

- 在学生们的理由中选择一个最适合的，然后继续这个游戏的后面部分，例如：

老师：他们握了手，但只有巴克斯特在笑，因为……

学生：他刚刚从这个生意里获得了巨大的利润。

教学小贴士

注意一下这个游戏怎么能够快速转变成热门且可以控制的话题。如果你希望在后面的讨论中，学生们能发掘出更深入的话题，你就能发展出这种趋势。同时，也要注意，在开展这项活动的时候，必须具有创新意识：可能需要“转换”一下学生的回答，来让这个游戏继续下去。另外，还需要意识到，有时候学生们的回答可能并不那么具有逻辑性，和前面的内容无法很好地联系起来，无论在哪种情况下，你都可以说，“你们还有没有需要补充的，可以让这个理由更具有说服力。”

老师：巴克斯特所获的利润太大了，因为……

学生：他以非常便宜的价格买进商品。

老师：他以便宜的价格买进商品是因为……

学生：制造这些产品的工人的工资非常低。

老师：这些工人的薪水这么低是因为……

学生：付给他们的薪水高了，商品就会很贵。

进阶练习

这个活动强调了“合理性”，你可以在之前的内容中看到（创意53），这有助于学生们更多地理解故事中人物的动机。另外，这个游戏有助于学生们发展一种思维能力，让他们更多地去考虑采取行为之前和之后可能有的结果！

创意
75

“如果……那么……”游戏

这个游戏有助于学生们开展关于“原因、影响以及结果”的思维活动。另外，它使学生们讨论主题时更具掌控力。

这个游戏促进了学生们的逻辑力，将寻找原因的能力和对未来进行预测的能力进行结合，并提供了一种方法来判断和寻找问题的答案。

这个游戏的操作方法和创意71、72、74中游戏的方法完全一样。与前面的游戏最大的不同之处在于，你从他们的答案中寻找的不是他们当时产生的想法，而是经过思考后的想法。

- 围绕着一个你希望学生们仔细思考的主题来开展这个游戏，这个主题也许和你正在教授的课程内容相关。
- 通过使用“如果”开头，“然后”结尾的句子来开展这个游戏，让学生们在“然后”的后面连接上一个结论。例如，

老师：如果人们的想法开始在大脑里出现，那么……

学生：就真的需要去注意你在想些什么！

老师：如果你真的需要这么注意你在想的内容，那么……

学生：那么有些人可能就会将他们自己藏起来，而不愿意被别人发现。

老师：如果这样的事情发生了，那么……

学生：那么可能没有足够的人来工作了。

教学小贴士

在这个例子里，其实还可以接着说，“如果没有足够的人员来工作，那么……”这个话题就会被带向劳动力市场和经济的方向。但是，你也可以将它推向另一个方向，例如“如果人们不介意展示他们的想法，那么……”或者“一些人可能会变得非常擅于控制他们的思想。如果这样，那么……”。需要注意的是，有时候即使你心里的想法是不可能实现的，或者完全是空想的，但是，它们会很快地引入对“真实”生活主题的探索中。还有一些关于隐私、欺诈、思维控制等方面的内容。

创意76

纸片联结

我很喜欢这个游戏，它就像是在玩拼图，但一点儿都不觉得累。

“纸片联结”是一种通过很多小纸片来收集信息的方式，这些小纸片通常记录了很多与工作任务有关的内容。你可以将这个活动放在创意90“揭密技能”前使用。

纸片联结是从很多很小的纸片上提取信息的一种游戏。这项活动可以根据参与人的年龄和能力来调整纸片的数量、信息量，以及任务的复杂程度，从而满足各种人群的需求。这个活动最明显的一个优点是，当学生们在不断调整问题的解决策略时，可以随意调整纸张的顺序。下面则是一些具体活动的例子：

- 将一张印有做菜工序的菜谱剪成若干块，并打乱其顺序，让学生们按照正常的顺序进行排列。
- 也可以将一个漫画故事进行情节分段，并打乱顺序，让学生们进行重组。

教学小贴士

这是一项可以用来发展以下技能的万能游戏。例如，排序和分类；原因和影响；问题分析和辩论；推理验证；推测和推断。

除了以上的活动外，还可以在纸张内容以外增加一些其他的信息，或者补充一些空白的纸。让学生们在已经获得的信息基础上，思考事情发生之前或者之后的步骤，以及缺失的又是些什么内容，这一点非常适用于漫画故事。你也可以使用其他的短篇故事来取代漫画。将这个活动主要内容的开头和结尾去掉，进一步丰富这个活动的内容。学生们究竟会怎么来思考这个故事的开始和结尾呢？

进阶练习

将这个活动配合一首自由体的诗歌来使用。它会得出非常有趣的结论和理解！另外，还可以通过描述自然界的句子，让学生们从这些信息中整合出正确的内容。例如，寻找九大行星的排列顺序。你可以这么说“地球是离太阳第三近的行星”“火星的轨道位于地球和木星之间”“最靠近太阳的行星是水星”等。让学生们从这些信息中归纳出正确的内容。

抛硬币

如果用抛硬币来决定问题的答案，那么你永远都不会有错误的答案，因为这取决于是否有好的问题。

创造力大师爱德华·德·波诺说过，创造力思维可以通过将随机性和概率性融合在一起得到提升，而抛硬币是最简单的一种方式。

“抛硬币”是一种最简单的二选一游戏，它有非常多的使用方法。下面我们可以看看如何运用它：

- 首先告诉全班同学，为了能够进一步学习这幅画的内容，并写出一个与这幅画有关的故事，他们可以提出任何与图画有关的问题（任何问题的答案都只能是“是”或者“不是”）。在活动开始前，向学生们介绍相关性和“高质量问题”的概念。另外，学生们所提出的每一个问题都必须对这个故事有所贡献（与故事有关）。如果提出的问题并不能满足这些要求，那么先让学生来解释原

教学小贴士

从一面到另一面的翻转这种想法，还可以作为另外一种工具用于发展学生的情绪控制能力。如果有些学生总是有一些负面的想法，那么鼓励他们在一开始有这种负面想法的时候就开始考虑正面的情况。这种“脑力”上的转变将中和负面思维的影响力。

因，然后再来决定是否要接受这个问题。

• 接下来学生们提出问题，再通过抛硬币来决定这个问题的答案，然后将硬币传给下一个同学。硬币有两面，正面头像代表“是”，意味着他所提到的这个信息会被接受并成为故事的基础。如果是另一面，则代表“不”，意味着学生们必须重新思考一个答案。有些“不”的答案会考验学生们的创造力。

• 抛硬币活动既可以全班开展，也可以让学生们独立完成，当然也可分组进行。学生们需注意将答案记下来。

进阶练习

将抛硬币活动和创意30“内在世界”，以及创意57“侦探游戏”结合起来使用。

排序

创意
78

“将事情按照优先选择权进行排列”是一项非常重要的思维发展技能，尤其是在发展学生们的分析、组织、推理、决策方面的能力。

将事情按照优先顺序进行排列是指在一定的标准下，对一组有序的数列进行排列。“标准”这个词就来源于希腊语中判断或决策的意思。

将事情按照优先顺序进行排列，这种类型的活动，随着不同思维技能的需求，活动内容的形式会更多样化。

- 在开展一些更具有挑战性的优先排序活动之前，可先进行一个简单的排列活动。开始的时候选择一到两个标准。例如，按照声音的大小对下面这些物体进行排列：水壶、杯子、浴盆、提桶、圆桶；按照物体的大小进行排列：大象、鲸鱼、狮子、蚂蚁、老鼠。将这项技能拓展到其他领域，例如，从元素周期表里选取一些元素，让学生们根据这些元素的复杂程度进行排序。

• 告诉学生们，有时候根据要求，有些排列只能有一个正确的排列方式。例如，如果排序的标准是“从小到大”，那么蚂蚁永远都排在大象的前面，因为它是最小的。如果排序的标准变成了“稀有度”，那么大象就排在第一。另外，还可以从主观上来对事物进行排序。例如，让学生们每人列出一张单子，在这张单子上写上他们最喜欢的五种食物。还可以查看一下书店的热销榜单。在班级里给学生们读一些小故事或诗歌，讨论一下哪个是最棒的，而学生们又是根据什么标准来评定的（如果时间允许）。

• 继续向更复杂的活动推进。让学生们为一次露营做准备，列一个清单。首先，他们要决定带去的东西，但由于帆布包的容量是有限的，所以选择的东西的大小就变得格外重要。

进阶练习

重新复习一下钻石排序的概念。在这种排序里，事物不需要严格按照直线进行排序：可以是金字塔式的排序方式。回到最喜爱的食品列表里，尝试着按照金字塔排列法给食品排列出一个更加准确且有效的顺序。

创意 79

我赞同多少

决策背后的原因是非常重要的。

在年龄较小的学生眼里，世界就是二元对立的：一个人是高或矮，胖或瘦，好或坏。即使学生们长大了，他们也慢慢认识到世界远远比这个要复杂得多。人们的想法、信念或其他因素都会影响他们对世界的判断。但是，他们还是常常将自己放在对立面中间的位置上看待这个世界。

在黑板上画一条线。在线的一头写上“我完全同意”，另一头则写上“我完全不同意”。让学生们在线的两头，接着那两句话写下后面的内容（一些个人看法）。每个学生写了多少句并不重要。在学生们写完后，和他们讨论在思考这些想法的时候到底有多么的困难。现在再让他们写一个理由来支持他们之前所写的想法。例如，“我完全同意水果有益于身体健康，因为……”

现在在两条线的中间填上：“我非常同意”“我比较同意”“我比较不同

教学小贴士

在活动的开展过程中你会发现，学生有些陈述是不太合适的，可以建议他们使用一些中性的概念，例如，在普通的讨论范围内，使用食品作为讨论的主题。

意”“我完全不同意”。让学生们在这些句子后面，写下伴随着限定语的个人想法（如“我非常不同意，但以下这些例外……”）。

在黑板上画上一条线，在这条线的中间下方画上一个小三角形，使它看起来像一个跷跷板。在线的两头写上两个相反的概念，需要提前确认学生们的年龄是否与这两个概念相符，例如，对于五六岁的学生，可能在两头分别写上“自由”和“控制”。那么你觉得学生们更愿意站在线的哪一边？在他们的眼中，世界又是什么样的？

故事的思维网格

创意
80

使用网格可以随时写出故事，而且也很容易。

思维网格包含了随机性和概率性两种因素。通过这种“充满惊喜”的方式促进创造性思维，减少惯性思维的趋势。

准备一个6×6的大型网格。选择一种你希望学生们写作的类型，在网格里填充一些图片或文字。有些图片是经常能在一类小说里发现的，而其他的内容则更大众化一些。所选择的词汇需要是在不同的情境下有不同含义的词语。

以下是可以使用网格开展的活动：

- **“曲折故事”游戏**

告诉学生们，你将通过扔骰子的方式，找出第一排（顶排）的网格号，顺序是从左往右开始。第一个格子的内容就是这个故事的开始，接下来再扔一次骰子，这次的号码对应的是第二排的网格号，而这一次则是从右往左开始数。

这一次的网格内容则是故事接下来的发展。后面的故事情节发展将以此类推，直到网格的最下面一排，故事也就此终结。另外，你还可以提前告诉学生们，网格的最后一排掷出的骰子将是故事的结尾。这种方式的网格对年龄小的学生们会更合适一些。另外，也可以将网格剪开来使用。

- **“坐标”游戏**

这一次我们从最后一排的左下角开始，通过掷两次骰子得出的坐标，找到下一个网格所在的位置（图片、词语），你可以告诉学生们，将要开始寻找下一个网格所在的位置，那么学生们会在你掷骰子的同时开始准备故事。当你完成这个过程，找到第二个网格的时候，故事会被联系起来。选取一个学生的答案作为例子。

一旦你有了一个起始创意，那么告诉学生们，他们接下来必须提出一个开放性的且与故事有关的问题，而接下来通过坐标选中的网格内容就是对这个问

教学小贴士

如果有学生告诉你，她不能用掷骰子所得到的网格（内容）来编故事，那么建议她重新投一次，或者让她从网格中选出故事的图片或在词汇中选一个。

如果有的学生觉得很困惑，那么就帮助他们分析一下是从哪个地方开始模糊的，然后从那里重新开始。

虽然使用故事网格非常的耗费时间，但它是一种永久性的资源。即使是同一种网格，学生们也能创造出各种各样不同的故事。另外，他们还可以基于一种自己喜欢的故事类型，或者一本读过的书，又或者他们看过的电影来创造属于自己的故事。

锦囊妙计 ★

以一本你在给学生们朗读的书籍为基础，创建一个故事网格。故事情节可以出现更多冒险，让他们记住作品中的场景，同时为讨论故事中人物的动机创造更多机会。学生们也可以利用自己喜欢的书或电影创造属于自己的网格故事。

题的回答，或者至少是给出了答案的线索。例如，如果一个网格中的内容是一幅图片，上面是一堆石头和一颗钻石，那么这个故事的起点就是，“一颗钻石被埋在了一堆石头下”，这个时候的开放式问题可以是“为什么这颗钻石被埋在了这里？”

接下来再次通过掷骰子来重复上面的故事、提问和回答。这样故事就得到了延续。有些学生会希望一直不停地掷骰子，直到获得整个故事情节，而其他的学生一旦完成了自己的故事，就不希望再掷骰子了。

发明的思维网格

让学生们环顾教室四周，告诉他们，“只要能够看到的东西，在建造之前，一定是先想好的。”

思维网格并不仅限于故事编排（详见创意80）；它们在一些大事上（如发明）能够起到很大的作用。

创造一个布满各种家用物品或小工具的图片网格。告诉学生们，你将通过掷骰子来确定一组物件的位置。他们必须找出这两个物品是什么，并将这两个物品合在一起，创造出一种新的发明。

向学生们强调，与其费尽心思找出一个解决办法，不如保存好当时的想法。在第一个例子里，它基本属于头脑风暴，目的是让学生们即时想出各种创意，最终在这些想法中找出最好的。另外，还需要向学生们指出，在这个阶段，学生们并不需要考虑这个新的发明是否真的可以实现。

例如，一群学生可能有以下这些

教学小贴士

在网格中可以填入一些含义较为模糊的主题或图片，有些和网格的主题看起来没有太大的关系。年龄较大的学生们可以通过比喻的方法，很快意识到这些物体可以代表一些抽象的概念和感觉，例如，一幅山峦的图片可以代表一座需要跨越的障碍，走向“成功的顶峰”，或者攀登一座山峰所需要的素质，如决心和勇气。

发明：

- 手电筒/衣夹——有了发光的夹子，就可以在夜晚晾晒衣物，或者昏暗的地方洗衣服了。
- 毛刷/椅子——一把清洁椅，可以抵制灰尘和动物的毛发。
- 肥皂/钥匙——将肥皂和一把化学“钥匙”放在一起，那么就可以直接洗掉脏的东西了。
- 茶壶/打火机——一个茶壶和一只内置的加热器，可以给茶保温。

主题的思维网格

当使用故事网编写与罗马人有关的故事时，我们记住了很多故事。

主题故事网可以用来帮助学生们吸收和记忆很多不同主题内容的事实信息。

将罗马入侵英国作为例子，建立一个故事网，这个网格的主要特征就是罗马的手工艺品或者相关提示语，例如“货物”“边境”“侵略”“皇帝”“军队”等。其他相关的词汇则包括日期、那个时期的先锋人物和地名。鼓励学生们尽可能将这些词使用在他们的故事中。

通过和一些基本信息（创意55“金字塔策略”）的结合，学生们可以围绕着一系列网格中的关键词和一些传统的故事情节来完成他们的故事构思。

- **开始行动**：英雄并不想那么做，但在道德上却必须那样做。
- **遇到第一次危机**：当英雄踏上征

教学小贴士

既使学生们可以利用故事网格，“编出”罗马入侵英国时的故事，这种陈述方式仍然能够为他们提供上下文来帮助他们记住真实故事中的主要人物、地点和事件。

进阶练习

另外，还可以通过和年龄较小的学生们开展简单的“曲折故事”游戏来进行网格故事。当然，还可以通过和年龄较大的学生进行一些较为复杂、利用坐标写故事的方式来开展网格故事写作。网格技术的一个优点是，所有材料在整个游戏过程中都是可见的（学生们在潜意识里会认可和接受，在故事中有意识地使用图片和词语）。

途时，就会有一场危机在等待着他。

- **跨越极限**：进入不熟悉的领域，开始挑战英雄的勇气。
- **陷入低谷**：在经受了一系列的打击之后，英雄已经准备放弃了，但真正的战役打响了。
- **最大的危险**：远离家乡，即使一切都进展顺利，英雄还是非常容易受到伤害。
- **骄傲自满**：当英雄觉得一切都非常顺利时，突然……
- **转折点**：在坏人被打败之前，最后一场充满危险的战役到来。

解决问题的思维网格

如果你只有一把锤子，那么任何问题在你眼里可能都是一颗钉子。

有时候一些问题是可以通过常规方法来解决的，而在其他的时候则需要创造力才能完美解决。尝试将不同的网格作为新的方式，用以联结新的且可能的解决方法。

在开始这项活动之前，向学生们解释活动中的事物可以用来代表一些除了事物本身以外的东西，例如，想法和感觉。如果以创意44“20个问题”中的动物网格为例，我们就会发现，一头公牛也能代表愤怒，而蝙蝠则代表盲目（这也是另外一个用来复习的好机会），从创意80“故事的思维网格”中，我们可以发现，一本书可以代表知识，一件珠宝可以表示财富。

首先，确定需要解决的问题。这可能是一个非常简单的问题，例如，如何在房间里创造出更多的空间。当然，它也可以是一个更大的问题，像如何吸引更多的人到高速公路旁的商场购物。

• 在这个活动中，你可以同时使用多个网格。给每个网格标记一个数字，然后通过掷骰子来确定这一次用哪一个网格。

• 告诉全班同学，他们将通过掷骰子来确定一个网格中的格子内容，而这个格子的内容则将为他们提供一个问题的解决方案（有些学生们可能只投了一次骰子就想出了解决的办法——那么这时候就可以开始转移到下一个问题了）。

• 一旦网格中的内容被确定，那么就可以请学生们说出他们的想法，以盒子里面的图片为基础来解决这个问题。强调这样一个观点，“我们需要有很多的想法，这样才能找到最好的。”接下来可以分析和评估学生们的想法了。

• 如果学生们在这一次的格子中没有发现可以激发他们想法的内容，那么告诉他们第二个格子里的内容会给出一些线索和提示，来使用第一个格子里的

教学小贴士

保证每个学生都能看到网格的内容。一旦学生们知道了需要解决的问题，在你第一次掷骰子之前，他们潜意识里就已经开始考虑解决问题的办法了。

内容解决这个问题。很重要的一点就是，不能要求他们必须想出办法，这些想法会在时机成熟的时候迸发出来。

• 我们先来假设一下，主题是如何吸引更多的购物者或游客到镇子上。我们已经给网格标注了号码，如动物网格1、惊险故事网格2、发明网格3、罗马网格4。

• 首先掷骰子，出现发明网格3。再投一次，坐标是2/6，网格内容是一只茶壶。

在镇上开设更多的咖啡店。

在镇上的报纸上或者网站上发布免费热饮的招待券。

在当地开展一个创意分享茶话会。

联想：茶壶，下午茶时间，朋友围绕着茶桌，家人聚集在一起，家庭价值观……想出不同的方式让这个小镇对来访者更加友好和欢迎（也可再次掷骰子）。将小镇作为家庭外出日进行宣传推广。

• 再次掷骰子，来选择另一个网格（动物网格1）。接着掷骰子的坐标为5/3，内容是一只恐龙。

在一家空的商店里开办一个恐龙展

进阶练习

使用问题解决网格的意义在于，让学生们看到大多数的问题都是可以解决的。不仅仅感受到问题的难度，还可以看到更多的机会。将网格的内容和解决问题的目的结合起来，强调了一项潜在的原则——在这种情况下，学生们有效解决问题的潜能就会被激发出来。

示会。

（恐龙代表过时的想法）现在的购物者都关注些什么？我们怎么才能吸引新的顾客（有需要再次掷骰子）？

- 选择另一个网格（惊悚故事网格2）。再投一次骰子，坐标4/6，内容是一条路。

修建一个公园和车道，改善通往小镇的交通。

在小镇的周围做一些清晰明白的标记来宣传商店，这样人们就不会错过。

结构和功能

这个活动让我明白一个道理，每件事自有其存在的理由。

“结构和功能”促进了学生们的注意力和观察力，以及推理技能的提高，激发学生们产生更有创造力的观点。

向全班同学展示一些简单的事物，将用于证实结构和功能之间的关联性：

- 为什么房子的钥匙都是不同形状的？
- 为什么一把叉子有四个齿（而不是三个或者六个），而且都是向上的？
- 为什么炒锅比平底锅要大而深一些？
- 为什么门总是向里开？
- 为什么电灯开关总是靠近门口？
- 为什么淋浴头总有很多的小孔（而不是一些比较大的）？
- 为什么散热器是用金属做的，而不是用塑料？
- 为什么猫会有胡子？
- 为什么我们在浴室里使用牵拉绳，

教学小贴士

这项活动潜在的好处是，可以养成学生们对眼前事物进行提问的习惯，而不是简单地忽视身边的事物，或者是将这些事物当成理所当然的。

进阶练习

将全班分成多个小组。每个小组都会分派一个课题进行思考。例如，望远镜、车、打印机、电脑键盘等方面的问题。仔细检查这些设备的细节，然后就其功能和结构进行提问。

而不是电灯开关？

• 炖锅用塑料把手而不是金属把手，设计的优势在哪里？

虽然上面有些问题（或所有的问题）对于成年人而言是非常简单的，但对于许多学生而言，却从来没有想过，所以这些问题将引导他们去寻找答案。

通过鼓励学生们提出更多与每天生活相关的问题，来拓展这项活动。向学生们强调，如果他们不知道问题答案，并不是什么大事。另外，让学生们找出问题的答案则是非常有趣的研究过程。

13种思考方式

从这个游戏中你将了解到，每个人看待事物的方式都是不同的，每个人都有自己的方式。

这项活动的创意来源于华莱士·史蒂文斯的诗，《观察黑鸟的13种方式》。根据学生的年龄和学习内容的需要进行调整，以适应学习的需求。当然，你不需要真的坚持得出13个答案。

选择一件事物，让每个学生都写一句与它有关的话。例如，四年级的学生可能对“狗”的话题这样描述，“有大的，有小的，有很闲散的，也有很活跃的，是你的朋友”；“只有当它生气的时候，才会咬人”；“当他的主人不见了的时候，会叫”；“它的鼾声比爸爸还要响”！

对于年龄比较大的学生，可以让这个活动更复杂一些。选择一个主题，将全班同学分成几组，让每一组都想出一个概念，或对一个概念开展研究。例如，一个六年级组的学生可以考虑“人类”这个概念：“成为人的人”；“一旦失去了

教学小贴士

通过选择重点向学生们提问来拓展这项技能，“如果是一名科学家，他会怎么来看待这件事”；“如果是一名乐观主义者，他又会怎么来看这件事”。

进阶练习

和学生们一起学习华莱士·史蒂文斯的这首诗，注意观察的不同方式，然后重新选择一个动物，从不同的角度来研究它。

水，就只剩一堆化学成分的生物”；“脸孔后面是一宇宙的想法”；“神的样子”；等等。

将这个活动和其他主题结合起来。五年级的学生在学习水和水循环的时候，可能有这些想法：“地球的眼泪”；“氢和氧的结合，但尝起来是甜的”；“有些人宁愿放弃所有也要喝一口”；“最大的海洋是无尽的雨水形成的”；“金星上的元素是分离的，而不是水蒸气的样子”；“水循环是无尽的，可更新的，可再次利用的，水循环就是一门课”；等等。

梅林魔法

我告诉学生们，“梅林就是你们想象力的魔法师。”通过精神魔法，挥舞起手中的魔杖，来改变一切吧！

这个技巧可以用来激发新的故事创意，解决问题并进行头脑风暴。

梅林游戏的主要目的在于，通过许多不同的方式来对事情进行转化。这些方式主要包括：拓展、压缩、改变、减少、替换、反转。锻炼这种技能最快的方式是，使用一个非常有名的故事，例如《灰姑娘》。现在，让我们来运用这些方式，挥舞起梅林的魔杖吧！

- **拓展**：马匹和四轮马车都没有消失，当灰姑娘的玻璃鞋掉了的时候，灰姑娘的脚长大了。我们还可以多一些王子找到灰姑娘之后的故事。

- **压缩**：仙女教母只有一点点的魔力，不能帮助灰姑娘太多，而王子也只有一点点的财产，完全依靠信用卡过日

教学小贴士

在和年龄较小的学生们开展这项游戏的时候，将一些术语转换成简单的词汇，例如“变大”（拓展）；“变小”（缩小）；“改变内容”（更换情节）；“去除一些东西”（删除）；“交换内容”（替换）；“将故事情节倒过来说”（反转）。

进阶练习

如果你将梅林游戏当作一个问题解决型的游戏，那么选择好问题，说明你设定好的目标和想要的结果，确认你想要使用的内容，对学生而言就非常重要。例如，如果问题是："我会见一名巧克力制造商，但我的巧克力卖得不太好"。那么，设定的目标可以是："我希望可以增加销量。"而内容就是：巧克力本身、包装、广告促销和预算。

子，将灰姑娘的故事缩写成一篇短篇故事（50字左右的故事）。

- **改变**：邪恶的神仙教母将灰姑娘的水晶鞋变成了工人的靴子，魔法出了错，这些老鼠不停地变来变去，变成不同的动物。
- **删改**：仙女教母让丑陋的继母和姐姐都消失了，王子遗失了玻璃鞋，灰姑娘并不喜欢王子，相反还四处躲避王子。
- **替换**：丑陋的继母和姐姐将玻璃鞋换成了自己的鞋子，马匹和四轮马车变成了一辆改装豪车。
- **反转**：灰姑娘和王子幸福地在一起，采取倒叙的方式进行叙述，让继母和姐姐变成美女，而灰姑娘变成丑姑娘。

故事圆圈

这个创意让我对那些我写作中的人物、地点和故事有更多的思考。

一个圆形模板可以帮助学生们将获得的信息更好地运用到不同的学科领域中。

我们已经在创意30的活动中了解了圆圈可以用来帮助学生，对故事中的人物个性，以及他们本身进行思考。而这个游戏则让圆圈中的这些词汇和图片集结并联系在一起。

• 这种圆圈的创意也可以用来学习小说的不同类型。学生们通常是通过故事的动机和惯例来理解小说的。“动机”包括人物、对象、地点、场景、对话（那些以问题的形式描述和定义的对话）等。而“惯例”是那些我们常常认为属于某种类型的东西。例如，一只龙常常被认为是幻想小说的动机，而在一般人的理解中，龙是会喷火、财富的守卫者的形象。

教学小贴士

这项技巧允许学生们有更多非惯性的想法。学生们可以在交叉领域中选择动机并创造新的故事，而他们也可以在故事中添加更多属于自己的细节。

- 给全班同学安排任务，让他们从读过的书或看过的电影中收集一种或多种类型的动机/惯例。在黑板上画一个圈，在上面标明“玄幻”。学生们找到的所有与此有关的内容都可以放在这个圈里。

- 按照上面的方法重复两到三种不同类型。在黑板上画上不同的圈，允许这些圈有重叠的部分，就好像奥运五环一样。而这些重叠的领域就是一种风格和其他风格交集的部分。如果让学生们从这些重叠的领域里选择动机，那么他们又会选择什么呢。

我们能得到什么

当老师夸奖我们是未来的创造者时，我们真的觉得很骄傲。

在前期独立的想法之间建立起联系，这是创造性思维的基础。通过开展“我们能得到什么”这个游戏，来帮助学生们拓展创造力，并增加他们的词汇量。

在创意81中，使用了“发明的思维网格”鼓励学生们进行头脑风暴。而在那个活动中，头脑风暴本身也是非常重要的一个方面。曲折型游戏则可以作为后续活动展开，也可以是一种具有更多系统性发明的新活动。

- 开展这项活动的基础“模式”就是——如果我们将A和B进行交叉，那么我们会得到C——但C又是什么呢？我常常是通过一系列的例子来解释和开展这个活动的。例如，“你觉得将一只羊和一只袋鼠放在一起，会得出什么呢？答案是一只毛茸茸的跳鼠。我相信你以前从来没有听说过这样的东西！”

创意
88

进阶练习

绵羊与袋鼠的结合也只是众多跨种族物种结合中的一个例子而已。学生们还能想象出哪些呢?

如果你在使用“发明的思维网格”，一旦学生们想到了两个事物，那么让他们做更进一步的思考。

鼓励学生们对自己的发明进行合理的命名。当然你也可以通过使用混合词条开展活动：这些发明看起来可能是什么样的?——鱼濑、互联港、网络作家等。

- 但是，我们还可以进一步来开展。“还有可能得到其他什么东西吗?绵羊可以跳得更高，还会有一条充满力量、用来躲避追捕的大尾巴。而袋鼠则会变成毛茸茸的。混血生物则能够在一个更加多元化的环境里生活。”

棋盘游戏

棋盘游戏对巩固学生们的知识和促进他们指导性写作水平提高有着巨大帮助。

通过使用一些简单的模板，学生们能够创造各种各样（以他们读过的故事，或者他们研究过的真实内容为中心）的棋盘。

竞赛游戏模板则是最基本的棋盘游戏。这个游戏主要是由点和空格组成的直线占满整张纸，就像星图一样——通过掷骰子来确定下一步所在的位置。

- 将班级分成几个不同的小组，然后让每个小组选择一种风格。给每个小组一张空白的竞赛游戏模板。然后，再给一些简单的图片，他们可以将这些图片剪下来，贴在棋盘上——在创意80“故事的思维网格”中的那些图片就非常合适，但学生们可能更喜欢使用一些漫画题材或者贴纸。
- 接下来让他们思考一下游戏的奖品和惩罚分别是什么，这也是组成游戏

教学小贴士

将棋盘游戏看作对主题游戏的修改。参考创意44“20个提问”中相关的动物网格。这个游戏可以被看作一个生物竞赛，参与这个竞赛的生物都来自不同的环境。鼓励学生们使用和主题相关的一些词汇作为指令，并在“机会卡”中使用。

非常重要的一部分。如果游戏的参与者是两个人，那么他们在完成这个游戏的时候享受同等的机会。当奖惩条例制定好后，选手们通过掷骰子来决定谁先走，通过点数来决定在棋格上的进度。

- 参与人员越多，棋盘就越大，游戏也就越复杂。另外，还可以使用“机会卡”来增加游戏的复杂程度，当参与人员停留在棋盘某个点后，可以来抽取一张“机会卡”。

揭秘技能

解决谜团，我学到了不同的思维技能。

这项技能有助于学生们增强推理、讨论、聆听，以及合作的能力。

揭秘技能的主要内容是，写在小纸片上（信息条）的信息和需要完成的任务，这些任务包括：需要回答的问题，需要解答的字谜，一个待达成的结论或者亟待解决的课题。学生们必须以小组的形式合理分配和组织好这些信息条来完成这个任务。有关这些信息的讨论和信息本身都是这个活动最重要的部分。

活动从最简单的谜团开始，使用一个相对数量较少的信息条和一项简单的任务。例如，让各小组讨论城镇停车收费的好处和坏处。这项任务要求学生们从事实（信息条）中筛选有用的信息，同时找到可以支持他们意见的证据，最

进阶练习

请小组的成员在已有的信息条的基础上，补充更多的信息。每个小组需要将每个信息条进行复印，然后交给其他小组。最终，每个小组都能够从便签条中解决自己的谜团。

锦囊妙计 ★

将这项技能拓展到其他领域。以你曾经读到的故事为基础，写下这些信息条：使用一些故事中的对话和描述，将关键情景进行总结。小组以叙事的方式将这些内容进行整理，并进一步完善。

终得出结论，并给出可信的理由，在此基础上来判断，最后还有所有信息的排序问题。这些信息条可以包括：

- 停车费的问题可以鼓励人们更多地使用公共交通。
- 菲利帕·斯蒂芬斯为了自身的安全，更愿意使用自己的车。
- 在过去六年里，城镇的车辆增加了50%。

注解笔记本

让学生们对自己的作品进行评价，会赋予他们一种价值感以及自我学习的控制能力。

“注解笔记本”的意义，就像一名导演对一部电影DVD做出评价，运动评论员对一场足球赛或者网球赛进行评论一样。

请学生们对自己以前的作品进行评价：笔记本的左手页是以前的作品，右手页则是评论。

• 当学生们在对自己的作品进行评价的时候，他们需要牢记以下两个信息：

我现在还可以做些什么来改善这个故事。

通过这篇写作，我学到了什么，可以让我的下一个作品更好?

• 他们的评论在某种程度上可能有一些重叠，但强调的重点是不同的。让学生们注意到这一点，并告诉他们，世界上是没有绝对正确的——即使是非常专业的作家，甚至是畅销书的作者都需

教学小贴士

当你第一次向学生们介绍“注解笔记本”的时候，学生们可能将注意力主要集中在语法的准确及词汇的拼写上。这样没什么不好，但需要更积极鼓励他们写下那些最喜欢的地方，以及觉得写得最好的地方等。而对于那些需要改进的地方，也至少指出这些地方的三个优点。

创意
91

要一直不断地学习写作的技巧。同样，也可以向学生指明，那些他们认为是“错误”的部分，同那些他们认为非常出色的部分一样，都具有充分的学习价值。

- 学生们可能在你对他们的作品做出批改之前或者之后进行自我评价。如果是在批改之后，那么鼓励他们对你的评论进行提问。不要将这件事看成一种威胁，而是要看成一种创造性的对话。

- 当学生们被要求对一些事实材料进行评论的时候，鼓励他们写下他们不太懂的问题。

理解的六个等级

这样很好，即使你真的对一些事情不太了解，也不会觉得自己很笨。

这个标准并不仅仅是为了学生们能够提出更多的问题而搭建的一个简单平台，同样也是作为一种反馈工具，有助于你对上课材料的调整。

理解的六个等级在检测学生的理解力方面是有效且实用的。它既可以用来对一个小组的整体理解进行评估，也可以对个人的理解进行有效评定。学生们可以在他们的笔记本上悄悄记下他们的理解等级——如果让学生们使用“注解笔记本”（创意91），他们会更倾向于这样做。

- 首先制作一张海报，海报上清楚描述这六个等级，学生们可以根据自己的情况进行参考：

1. 对于这个想法或技能，我完全不能理解，我还没有试过它。

教学小贴士

我从来都不会忘记这些学生们都还在学习中，所以当学生们说，他们不懂的时候，我把这看作对我教学的反馈。

2. 我理解了这个想法或技能，正准备试一下。

3. 我确实理解了这个想法或技能，也已经试过了。

4. 我知道如何在其他领域使用这个想法或技能。

5. 我知道如何使用这个方法，并且已经在其他领域里试过了。

6. 我知道如何在校外使用这个技能或想法。

• 周期性地检查学生们的理解程度，将有助于你的备课工作：将引导你对课程的主题进行修改。在必要的时候，进行更深入的探究并调整。

思维的新标记

当老师对我说，我的想法真的很棒的时候，那种感觉真的很好！

思维符号作为标记策略的一部分，不仅是更深地反馈你布置给学生任务，而且也对学生们的功课赋予了一种价值。

象征符号既可以用于强调学生们在从事工作时所产生的思维，也可以用于鼓励他们进行更深入的思考。例如：

- 一个带圆圈的箭头——“再看一下。还有其他的东西没有被发现吗？”
- 一个思想气泡——“我喜欢你思考这个问题的方式。”
- 灯泡——“好主意！”
- 引号——“清楚使用了语言。”
- OP标记——“干得好，你已经为你的观点提供了非常好的论据。”

你可以制作一张符号表，将它们的特殊含义一一对应起来。将这些符号表进行复印，然后放在学生们的书籍里，

教学小贴士

记住，如果对学生的作品过多的评论或给出意见，可能导致他们的学习积极性下降。不仅如此，他们潜意识里会将你所有的评论都记下来，在下次写作的时候进行改正，这样就干扰了学生们的富有创造力的写作思维正常发展，同时也强化了在潜意识中进行创造、修改和编辑想法的坏习惯。

进阶练习

将选择性标注作为你批改作业的一部分。例如，对于整洁性、用词精确以及拼写方面进行批改。只在思维被现在的作业所束缚的时候，才给予提醒。这样做会帮助学生们注意力更加集中，并减少“受打击”的机会。

将它们作为书签，或者打印在便签纸上，便于使用和提醒。这样可以更迅速且高效地使用这些符号。

每日一句

我喜欢这个活动。老师总是给我们时间来思考和讨论它。

这项简单的活动，只需要花费很少的时间，就可以建立起一个非常棒的教育价值观，建立的方式也非常简单，主要是将我们在本书中提到的思维技能进行综合，然后清晰地体现学生们的想法也是有价值的这个观点。

“每日一句”是一个非常简单且激励人心的活动。每次选择一句话，让每个学生知道它的含义，然后再给学生们充分的机会对这句话进行讨论。有规律地更换话题，请学生们也加入到推荐这句话的活动中来。这些引用的句子，并不一定是非常“激励”人的，却是需要能够激发想法或提问的。下面是一些效果很好的句子：

- 科技让我们陷入这些麻烦之中，但科技也会帮助解决这些问题。
- 当一个人的手指向月亮的时候，愚蠢的人只会看到手指，而智者则会看到月亮。

创意
94

教学小贴士

我曾经看到过一个班级的墙上，贴满了名人名言。其中有一句是这样说的，“如果你的目标是月球，那么千万不要遗失它，不然你就只能跌入繁星之中。”一个注意到这句话的学生曾经讽刺说，“或者你还会落到地球上，烧毁在大气层里！”这样做，不仅会让学生们鲜少问津这些引言，同时还会让这些引言成为墙上被人遗忘的角落。但是，对于“每日一句”而言，其价值就在于它必须被讨论、被解释、被使用以及被有规律地更新。

- 教会学生，饿死老师。
- 失败是通往成功唯一的路。
- 不要学习它，而要适应它。
- 人类一思考，上帝就发笑。

创意宝盒

当想法从盒子中被选中的时候，我总是非常高兴，当然其他同学的想法也都非常有趣。

成功发展思维技能中的一个关键因素就是，认为学生们的想法是有价值的。而这个创意宝盒的游戏很容易做到了这一点。

在本书里，有些技巧在使用的时候，仅仅采用了一个学生的创意，即使会有很多学生贡献他们的想法。举例来说，在（创意80）“故事的思维网格”，如果试着采用所有学生们的想法，那么会变得非常复杂。而为了防止学生们感到不被重视（这可能降低他们将来对同类活动参与的积极性），可以建议学生们将他们的想法记录下来，而将这些想法放在“创意宝盒”里。

创意宝盒必须是一个真的盒子——外面是有颜色装饰的，而且在教室中被放在明显的位置——或者为了以后活动的开展，你可以使用一些比喻性的词汇

教学小贴士

让创意“宝藏”成为强调的重点。例如，当在使用“可能这只手”（创意60）的时候说，“看看我们现在得到了什么，大量宝藏，我们可以待会儿再来继续讨论它们。”这样做可以进一步强化这些想法是珍贵且有价值的（虽然它们不需要花费任何的成本）。

来暗示学生们将他们的想法写进他们的书里。

而有些学生们的想法常常不能得到完全展示，当你在使用抛硬币来开展“可能这只手”（创意60）的活动，或者通过掷骰子来选择想法的时候。告诉那些想法没有被选中的学生们，让他们把想法都记下来，然后将这些想法都放到创意宝盒里。

当学生们不在的时候，悄悄将盒子里的想法看完，在课堂上可以装作无意地提到那些想法，或潜意识使用那些想法。当然，也可以建立更多的创意宝盒。一个盒子是为了编排故事而收集的想法，而另一个盒子是为了发明。

技能检查清单

这张清单可以及时让我们知道，什么地方做得不错，什么地方需要进一步改进。

技能检查清单是一项万能的工具：在进行自检的过程中，学生们既练习了这些技能，而这些技能在使用的过程中又得到了检验。可以通过学生们对这些技能的使用，清楚地了解掌握程度及学习进度。

在一张A4大小的纸上创建一份模板，模板是由一系列的方块组成。在每个方块上都写上希望学生们回应的技能名称。另外，这个方格要有足够的空间，写下一个问题，“这个技能在何时何地使用，以及对于这种思维方式的看法”。以下是一些可以用于模板的具体例子：

- 我已经清楚地解释每一个观点。
- 我非常仔细地聆听其他人的观点。
- 我已对自己的想法做出了解释。
- 我已表达了对某人观点的赞同/不赞同，以及原因。

进阶练习

技能检查清单也可以和布鲁姆的思维分类法一起进行（在布鲁姆的这本书里将思维的类别，从较低的思维证明了较小的理解力，到高等级的思维证明了较高的理解力进行了分类）。所以在“理解”的这个主题中，“我可以复述一个想法”“我能够概括一个想法或者话题”“我也可以解释在这个主题里什么是最重要的”。

- 我已经对某人的提问进行了质疑（使用了六项提问法）。
- 我已表明了这项讨论的中心。
- 我已对其他的看法进行补充说明。
- （对这个问题）我已给出例子或反例。
- 我已经对这个讨论提出了“如果……怎么样”。
- 我已经对这个讨论补充了“如果……那么就……”
- 我已对其他人的问题提出了问题。

对这些模板上面内容的补充还可以有以下几种特殊的表达：

“我已经很仔细地观察了……”“我已经自己检验了这项事实”“对于‘可能这只手’（创意60）我已经提出了一些想法”“我已经对‘揭秘技能’（创意90）中信息条的一些内容做了整理”。

知道如何去做

建立一间思维技能教室，你会充分地意识到，学习这些事实比仅仅记住它们更重要。

针对思维技能的发展，布鲁姆思维分类法向老师和学生们提供了一种有效的理解和检验方式。

1950年，本杰明·布鲁姆设计出了这项以他名字命名的“布鲁姆的思维分类法”。这是一种用来对不同程度的思维技能进行分层的分类系统。他向老师和学生提供了一种非常有效的分类方法，对思维技能发展起到理解和检验作用。在布鲁姆的模式中，思维主要包括：知识性、理解性、应用性、分析性、评估性和综合性。

在你的教室里应用布鲁姆的分类法：

- 回忆你在课堂上所开展的思维练习，检查“较高级别”的思维练习是否同课程的主要内容结合起来。
- 向学生们解释布鲁姆的模型。向

教学小贴士

布鲁姆的“分级”从相对简单、容易理解的思维方式开始，逐渐向更加复杂、不太容易理解的思维方式推进。他的想法在过去曾经被误解为只要足够“聪明”就能够进行高层次的思维。在全班开展思维技能的练习，可以让你充分了解到，学生们也可以更加有效率、富有创造力及具有独立思考能力。

小组或者个人指明他们目前正在做的这些练习都属于哪一个级别。

- 将本书中的创意、技能和布鲁姆分类法进行匹配。协助学生们理解创造力、推测力、推断力等是如何引导他们走向更高层次的思维的。

有效的学习者

柯克曼老师曾经告诉我们，“有效”就意味“强大”。

当学生们成为更加具有创造力、可独立思考的人，他们就不再是简单的“学习者”，而逐渐成为能够有能力去“学习如何学习”（这是高效学习法则的核心技能之一）的人。

注意以下这些有效学习的物质，并让学生们了解你已经注意到了这些。

有效学习者：

- 看到自身与其他人之间的差异。
- 接受自我及自我感受，并能够不断地掌控各种情绪，积极正确地使用它们。
- 在很多方面更加独立，并能自我引导，包括知道如何自行处理他们所面临的学习挑战。
- 更加宽容，能够更加灵活地理解各种事物，同时在对事物的判断上能够多加思考。
- 建立与他们能力一致的实际目标。这符合逐渐增强的自我尝试的意愿。

教学小贴士

当你注意到学生们已经开始有一些有效学习行为的时候，明确地告诉他们，并鼓励他们注意自身及同学行为。鼓励他们使用观察日记来记录下这些信息，并回顾加深这些思维技能。

令人惊叹的意识

创意
99

建立一间思维技能教室，将帮助我们认识自己神奇的思想是可以习得的。

本书中的大多数创意都和思维技能有关，同时你还能发现这些技能同不同学科有所关联，可以用于不同领域学科的学习。

制作一张海报来帮助学生们熟悉这些不同的思维技能。首先回忆一下，它们是如何变成你课堂实践的一部分，思考各种思维技能是如何支持课程主要内容的知识性传输的。

在海报中可以包括以下思维技能：

- **假定**：没有或者只有非常微小的证据或理由就得出结论。使用“提问三步曲”来帮助学生们注意到这些假设情况：我知道些什么？我觉得我知道些什么？我还能知道些什么？

- **关联**：在想法之间建立联结，以获得更多更深入的信息，来理解各事物间的关系，并创建一些新的想法。创造

教学小贴士

让学生们提前熟悉一些“思维词汇”，向他们解释一些可能现在还不太理解的词语，例如，类推、假定、偏见等。鼓励学生们举更多的例子。花一点时间“让思维更加明确”，关注并讨论在不同的情况下，不同类型思维的不同例子。

性的联结是有效思维的基本技能之一。

- **归因**：将事物的属性和特质同事物进行关联。

- **偏见**：“倾斜”或者说是为了支持某一个观点，说服其他人采取一样的观点，而从某一个特殊的方向对某一点进行着重陈述和强调。对偏见的分析包括寻找一些情绪性和修辞性的语言，以及一些概括性和未经证实的说法。通过提醒学生们关注新闻以及新闻相关的读者回复，这些地方一般偏见都非常明显。以此方法提升学生们在某一方面的意识。

- **头脑风暴**：一种让想法不受评论或对可能产生的回复进行分析，可以让创意自由驰骋的行为。思维在这个时候通常会得到提升或受到激发。头脑风暴是一项可以激发原始创意的经典工具，这些原始的创意在后来可以进行再次分析和修改。让学生们充分熟悉这个概念，“我们能够有多少想法，以及能够用它们来做些什么？”第一步就是头脑风暴，第二步才是思考。

进阶练习

创建一面展示墙，在上面标注一些词语，简明地标注词语的定义，并配上一些例子。同时，在每个词语后面都留有一些空白，让学生们自行加上例句。

- **分类：**根据事物所共有的属性将它们放入不同的模板、数列或目录中。
- **比较和对比：**寻找事物之间的相似和不同。
- **制定决策：**以合理的思考、直观的感受及直觉为基础，选择一种办事的流程步骤。
- **确定过程和效果：**寻找一段时间内事物之间的关系。
- **产生想法：**以各种数据和更加细致的案例为基础，从大局考虑而产生的总体观点。
- **假设：**建立一种可能性，但对事情是如何发展的解释要以事实为基础。
- **推理：**基于一些合理稳定的证据所得出的结论。以一系列可以观察到的例子为基础，注意到一些模式、数列等。
- **发明：**常常通过一些细致的观察或者通过一些全新的联结而创建新的想法和应用。
- **拟人化：**赋予事物、动物、植物等人类的属性。

- **预测**：注意到一些模式和数列，能够推断出这些模式和数列后面的内容。
- **优先权**：根据选择的标准将事物按照一定的顺序进行排列。
- **解决问题**：使用广泛的思维方法来克服一些障碍，解决一些问题，制定决策。
- **可视化**：在一定范围内建立一些场景，这些内容可能与目前的情况毫无关联。

态度清单

思维就是思维本身。它取决于我们到底如何来做这件事，它既可以把我们封闭起来，也可以帮我们打开这个世界。

在创意96里，我们注意到了“技能检查清单”。与此相似的，请为你的学生们创建一个“态度清单”。

你可以将清单做成一张海报或者一幅墙贴。也可以让学生对这份清单进行复制，那么他们就可以对自己进行监督和了解。在这张清单的首行可以写上，“我知道我可以思考，因为……”，在下面列出一些主观的内容：

- 我是一个充满好奇心的人，富有冒险精神且非常幽默。
- 我喜欢去了解事情为什么是这样或那样，并迸发出各种想法。
- 我喜欢对各种事物的原因进行思考，也非常愿意向他人学习。
- 我喜欢清晰明确的思维方式。如果不确定，那么我就会去问。但是，我也喜欢自己找出解决办法，并不总是需要一个正确答案。

- 我认为只要是想法，就是有价值的，并且我认为事情背后总是有原因的。

- 我喜欢思考，对于能够关注到自身的想法，感到非常高兴。

- 我很自信，不完全在乎别人的评论，即使我的想法最后没有被采纳，或者我的答案并不正确。

- 当我在提问的时候，我不会觉得自己很笨或者很无知。

- 我喜欢对自己的想法进行深入的思考，思考为什么我会有这些想法。我觉得已经做好了在有需要的时候改变自己想法的准备。

- 我了解其他人可能不赞同我的想法，但他们仍然尊重我。我也可以对其他人的想法表示不认同，但尊重他们。

进阶练习

发展思维技能的最基本目标不仅仅是希望，它能够帮助学生们在学校里更加成功，获取更多的知识。还能帮助他们在日常生活中发挥潜质。给学生们尽可能多的创造谈论校外生活的机会，以及帮助他们发展的这项“思维小工具”是如何给他们带来更深更长久的益处的。

当班上的学生已经有了这样的态度（通过你的努力，帮他们建立起这样的思维方式，而在这种思维环境里，他们发展了思维技能，能主动积极利用这些思维技能来处理各种问题）的时候，他们会爱上挑战，享受思维给他们带来的成就感，并能够作为学习者，对自身以及他人的成就感到欣喜，并将他们的潜能运用到学习生活中。

“给教师的100个创意”系列丛书

1.《给幼儿教师的100个创意：幼儿园班级设计与管理》

作者：[英] 露西・皮特

书号：978-7-5153-3031-0　　定价：29.00元

从事幼儿教育充满挑战，要想在幼教领域卓越不凡就更加困难了！本书包含了100个易于实施的创意，从鼓励幼儿参与课堂教学到养成遵守规矩的习惯，从多彩的动手活动、角色扮演到数学、语文的逐步渗透等，可以瞬间让课堂活跃起来，同时，在班级里营造出平和有序的氛围和环境。

2.《给幼儿教师的100个创意：为幼升小做准备》

作者：[英] 克莱尔・福特

书号：978-7-5153-2913-0　　定价：29.90元

本书作者凭借20余年一线教学经验总结出来的100个创意活动，内容涵盖早期基础阅读—写作培训、社会技能发展，以及感官、知觉、思维和实践能力提升，能够帮助幼儿养成良好的学习习惯，习得必备的基本技能，从而顺利完成“幼升小”这一人生阶段的重要过渡，随时面对新挑战。

3.《给小学教师的100个创意：发展思维能力》

作者：[英] 史蒂夫・鲍凯特

书号：978-7-5153-2740-2　　定价：29.00元

本书通过一系列的技巧和课堂活动，向学生们展示了如何通过各种方法来进行思考，如“鞋盒人生”“提问三步曲”“金字塔计划”“可能这只手”“故事的思维网格”“棋盘游戏”……这些活动可以作为一堂课正式开始之前的预热教学，也可作为课程的主要内容。

4.《给中学教师的100个创意：如何激发学生的天赋和特长》

作者：[英] 约翰·西尼尔

书号：978-7-5153-3072-3　　定价：29.00元

50个实用教学策略，再加上50个课堂活动创意，帮助学生在课堂上开展头脑风暴、发散思维，在不埋没尖子生的同时，给普通学生留出更多提升空间，开展高效教学。这些活动覆盖了不同的主题、能力层次和课程领域，是培养和激励学生发挥最大潜力的必备工具书。

5.《给中学教师的100个创意：杰出的教学》

作者：[英] 罗斯·莫里森·麦吉尔

书号：978-7-5153-2792-1　　定价：29.90元

如何成为一名杰出教师？如何提高教学效果？如何快速活跃课堂气氛，让每一个学生都积极主动地参与学习，深入思考并大胆发言？答案就在书中。杰出教师罗斯·麦吉尔以轻松、富有激情的文笔，围绕课堂纪律管理、课程设计、课后作业、实时教学评估等基础教学展开。只需课前花上5分钟，就可以学会其中的一个教学方法。

6.《给中学教师的100个创意：快速改善学生课堂表现》

作者：[英] 约翰尼·扬

书号：978-7-5153-2896-6　　定价：29.00元

著名教师培训师约翰尼·扬，结合儿童心理、认知行为和专业管理策略，提供了100个简单、实用、高效的创意，帮助新教师和资深教师快速改善学生的偏差行为，活跃教学气氛，进而提升教学成效。例如，“扭转乾坤的对话”“走出糟糕的一课”“情绪控制按钮”“角色扮演训练”“应对突发事件的宝典”“消除紧张和焦虑”“看不见的不良行为”等。